U0495528

折射集
prisma

照亮存在之遮蔽

场·境·思

张一兵哲学絮语

Ⅱ　张一兵 著

南 京 大 学 出 版 社

图书在版编目（CIP）数据

场·境·思：张一兵哲学絮语/张一兵著.
南京：南京大学出版社，2025.1. -- ISBN 978-7-305
-28175-4

Ⅰ. B-53

中国国家版本馆 CIP 数据核字第 20242YM307 号

出版发行 南京大学出版社
社　　址 南京市汉口路 22 号　　　**邮　编**　210093

书　　名 场·境·思：张一兵哲学絮语
　　　　　CHANG · JING · SI: ZHANG YIBING ZHEXUE XUYU
著　　者 张一兵
责任编辑 张　静
书籍设计 周伟伟

照　　排 南京新华丰制版有限公司
印　　刷 南京爱德印刷有限公司
开　　本 889mm×1194mm 1/64 开　**印 张** 26.125　**字 数** 496 千
版　　次 2025 年 1 月第 1 版　**印 次** 2025 年 1 月第 1 次印刷
ISBN　978-7-305-28175-4
定　　价 188.00 元

网　　址：http://www.njupco.com
官方微博：http://weibo.com/njupco
官方微信号：njupress
销售咨询热线：(025) 83594756

将此作献给那些曾经在场于我课堂中的同学们

目　录

1		001
2		066
3		157
4		207
5		250
跋		524

1

不动产最有历史**持续感**，却并无历史性，这是因为自然经济方式的农业生产是内封闭的循环过程（没有生成性时间的生存方式）。从不动产到动产的转变，也就是从农业社会向工业社会的转变。在工业生产中，社会定在不再是"物"，人的动态的社会生存活动成为在工业生产基础之上的商业交换的现代经济过程。

生成作为一种当下的建构，是一种将过去造就新质的创化，并且这一当下的创造也是迈向未来的环节。历史的生成作为一种时间，不是平滑的持续流逝，而是一种过去—现在—将来的三维同一的历史性生存时间。

韦伯的理论逻辑其实是将康德二元世界中的现象界本体化，形式合理性就是看得见的现象，而在这个实证的物相背后却**空无一物**，所以，市场和工具理性的世界就是今天社会的本质。因此，实践理性所延伸出来的道德律令被否定了，价值合理性必然被祛魅，工具理性则必然是非批判的道德悬无。这是现代资产阶级意识形态的真正本质。

在马克思那里，虽然自然拥有对人及其存在永远的"先在性"，但只要我们一涉及对自然的言说，那就已经是与一定历史条件下人的活动相关的对象化自然。自然，总是人们在一定的历史性的社会实践中，以一定的**工艺性和经济的方式**为我们所居有的"自然"。

马克思哲学不会是一种形而上学，不会是一种**内含着逻辑目的的体系哲学**。

历史唯物主义所指认的社会生活中的**物**是极难理解的。这种社会定在"物"，并不直接指自然物质，而**主要是由人在活动中形成的功能性的社会关系与结构构成**，这些关系、结构以及社会过程中的规律也是每时每刻由人的活动建构与解构的。所以社会生活中的每一种社会现象都不是实体性存在，而是功能性的**行为场**。它们可以物化，但这种物的替代物也必须处于活动的特殊功能之中，否则会失去其特定的**社会系统质**。

历史唯物主义的关系透视，不是由一定的经验直观直接面对物质实体。马克思所说的生产方式、生产关系、生产力都只是一种科学抽象，因为在现实中它们根本不是对象物，而是一种本质的、客观的社会关系。上层建筑中的东西也是如此。马克思所确认的以社会历史存在为基始的历史唯物主义正是这样一种东西，它根本不能由哲学唯物主义的感性直观来达及，恰恰要由科学的具体抽象来实现。它的"物"，是**在自然物之上的社会关系存在**。

人对自然的关系的不同历史质性：一是远古时代简单劳动生产中狩猎、畜牧业和采集业中**人对外部自然的直接利用**；二是农业生产过程中自然经济的**优化**对象和**局部性自然改造**；三是工业生产之上大规模商品经济的对象性**支配重组**；四是当代后工业科技生产发展中对象的**主体性重构**。

在游牧业和农业生产中，人对外部世界的认识是建立在人对自然对象的一般加工和选择之上的，所以，自然物质对象在这种实践情境中只能以**直接给予性**呈现于主体之前。以观念（神）创造的幻想来反注认识论本质的各种唯心主义自然是颠倒的逻辑。可是，一旦人类物质生产实践进入工业文明，自然对象就第一次直接成为人类全面支配的对象，更重要的是，人类直接生活的生产与再生产已经较多地建立在自然物质的重组与创造之上，这不仅包括庞大的人工物质系统，也包括中介性的经济金融系统。在后工业时代中，全球化媒介与网络所构成的全新存在第一次使人真正成为世界的创造者。这个时候，**创造性的建构**成为认识本质的主要规定，这也是一个历史性的必然。

马克思中后期的经济学中的**非异化史观的批判理论**主要说明了生产关系的物性颠倒和变形，他并没有也不会指认实践（生产）本身的异化。而在青年卢卡奇和海德格尔之后，从生产本身的可计算性量化到上手状态的在世"环顾",已经开辟了一种人类生存不可解脱的**本体异化**逻辑。

平日像一种"自然氛围",人们从不追问平日的意义。用中国人的话来说,就是**过**日子。过日子是用不着刻意的,因为都是些再平常不过的场景。度过每一天时,我们并不会感到平日性,而只有当平日世界的惯性滑动被异常地中断时,它才在突现的历史世界的对比下被发现为平日。

从施蒂纳、克尔凯郭尔之后,也是从马克思之后,强调历史性的具体存在以拒斥抽象的(大写的)**类意识**开始成为人们普遍接受的观念。在方法论上,这也是**新人本主义**理论建构重要的逻辑底线之一。大写的类意识(大写的人-类人、大写的理性-逻各斯、大写的他者)成为后现代思潮的主要证伪目标。

通过长期的挤压和程序化，一种教条主义的强制真的会对人产生一种可怕的**身体化的内嵌**作用。

我们与作为我们研究对象的社会生活和文本的关系，不是一种界限分明的"我-它"式的**对象性关系**，正由于我们是社会历史存在和作品本身的创造者，因而使这种研究变得尤为复杂。

在这个工业-市场王国中，人虽然已经从以土地和宗法关系为基础的外在强制和奴役中解放出来，可是，人与自然又都沉浸于对象化的工具理性的算计预设情境之下，使人超拔于物的神性光环彻底消失了（启蒙），表征人的生存意义的质性价值被祛魅了（韦伯），上帝遁隐，那扇通往彼岸世界的门砰然关闭，心灵自由（孤独）的人只身挣扎于沉默的金属世界中。

从圣父温暖的怀抱中跌落下来的，只是与物齐平的个人。

中世纪结束时，上帝之死，意味着来自超感性世界的规范作用力没有了，过去是上帝（理想世界）从高处规定着人的尘世生活，而今这个超感性的、约束性的世界不在场了，超感性领域的本质性自然也就崩塌了。没有了上帝之城，世人就丧失了低看物性世界、超越现实的尺度和强有力的价值依托，上帝把人孤独地留在了黑暗的世界之中。

没有了彼岸世界，人的确自由了，人可以向自己负责了，可是，孤立的个人并无法承担这样的重任。人，终究成不了神。在布尔乔亚的人的社会中，道德功利化、世俗化为处世方法，赚钱升官都成了人的"天职"。人失去了他之所以是人的神性依托后，真的从市场走向了物。

缄默不言，上帝的隐遁。关心人的上帝不得已地沉默了，人开始独自面对听不见圣音的物性世界。实际上，这就是我们那个"类"的沦丧，至真至善至美的人之价值悬设的崩溃。一旦失却超感性的本质，人就沦为客体化的物，神也不再开口。人类的神圣联结被物化后，人成了原子市民社会中的原子个人。直接的类不存在了，个人与个人之间成了通过金钱中介了的物化关系。

当人失却神的引领时，就是人败坏的开始，生存的尺度再一次从我对神的**垂直性**（"我-你"）关系下降到人与人冷漠的**水平性**（"我-它"）关系。在齐美尔那里，这种人与人无质性差别的水平性关系被深刻地指认出源于量化的货币交换的夷平化（levelling）。

记得歌德曾借梅菲斯特之口，将这人称之为自以为是的"小神"，他们依理性而横行世间，"只落得比兽性更为兽性"。

上帝的确不在物性的空间里，他不对我们指手画脚，但是他并没有真的走开，上帝始终在我们的心中。他借手良知注视着每一个人，只要我们是人，我们的上帝就在，他始终是一个不曾丝毫妥协过的严父。上帝不在，可是他已化身为正义、真理和良知，渗透在这个空间之中。说穿了，上帝就是我们自己的人性本根。

在物质条件匮乏的清贫生活之中，人反倒能比较容易地保持自身的高贵品质，而当拥有了财富和地位之后，再想从物性中超拔出来就相当"艰难"了。

马克思所指认的市场交换中已经颠倒为物与物的关系

的人与人的劳动关系，再一次被虚化为一种商业性影像表象中呈现的伪欲望引导结构。这就是社会**景观**现象。

人们固然都知道景观的被制造性，却仍然沉迷其中，从而遗忘自己的本真社会存在。这是一种新的异化关系。于是，马克思的经济拜物教批判即转变为一种**景观拜物教**批判。

当代资产阶级社会存在的**主导性**本质主要体现为一种**被展现的图景性**。人们因为对景观的迷入而丧失了对本真生活的渴望与要求，而资本家则依靠控制景观的生成和变换来操纵整个社会生活。此处已经悄然发生了一个**二重颠倒**！马克思面对的资本主义经济现实是人与人关系的**经济物化颠倒**，而德波眼中的事实却是已经颠倒的物化本身的**表象化再颠倒**。

景观是由感性的可观看性建构起来的幻象，它的存在由表象所支撑，各种不同的影像为其外部显现形式。尤为重要的是，**景观的在场是对社会本真存在的遮蔽**。

在今天，个人的现实如果不能被虚化为一种非真实的景观式的"名望"，那他就将一无所有，换句话说，也可以叫**无名则无利**。放眼今日我们周遭的世界，各种事物倘不出现在报纸、电视和网络上，似乎就不存在。就此意义而言，生活的表象化和景观化是存在论的。

真实世界沦为影像，影像却升格成看似真实的存在。

在过去，我们还是通过操作具体的物质实在来改变世界，那叫触觉的"卓越的地位"，如今起决定性作用的是**让人看到**！

景观的本质是拒斥**对话**。景观是一种更深层的无形控制，它消解了主体的反抗和批判否定性，在景观的迷入之中，人只能单向度地默从。如是，方为景观意识形态的本质。

康德从休谟的命题出发，做出了自然界总是以特定的形式向我们（主体）呈现，而呈现本身是先天理性构架统摄的结果的结论。康德的深刻之处在于他洞悉了以下事实：这个结果并不是事物（物自体），而只是一种被先天综合判断整合过的"现象"。在康德之后，黑格尔继续抓住理性逻辑构架这个造物主，而马克思的功绩则是不依不饶地剥离了这个造物主身上思辨的外衣，暴露出工业性现代性的资本关系和结构的真实面目，从而批判性地指认了资本逻辑的物化狡计。而德波的动作与这几位前辈也可以算是一脉相承，他再次将颠倒了的物化指认为表象化的呈现，可谓将颠倒再次做了个颠倒。如果说在马克思那里，商品周身尚维持着一个可直接触摸的感性物质形式的话，那么到了今天的资本主义生活中，连那张"跳舞的桌子"——神秘的物的外壳都蒸发了。茫茫世界，我们的触觉完全失去了用武之地，唯余眼前诱人的影像叠映出来的景观。不过，这并不是说物真的就变成了完全虚无的景象，德波说的是，在生活中，**景象成了决定性的力量**。景象制造欲望，欲望决定生产，也就是说物质生产虽然依旧是客观的，却在景象制造出来的假象和魔法操控之下劳作。好一个颠倒又再颠倒的世界！

作为一种独裁，景观当然与过去的暴政不同，它常常呈现为某种**甜蜜的**意识形态控制。

在今天的资本主义社会里，物质生产方式中的决定性结构开始转向以影像方式为主导的**景观生产方式**。

相对于过去人们对吃穿住行等物性目标的追求而言，今天的人们在生活目标和生活模式上的观念已经发生了天翻地覆的变化，而今人们追求的，是一种让人眼花目眩的**景观秀**。这一点在现代人对新闻、宣传、广告和娱乐等的大量非本真的需要中得到了突出的体现。人之存在不再由自己真实的需要构成，而是由景观所指向的展示性目标和异化性的需要堆积而至。

如今，人们在生活的每个细节情境中，都不得不在广告炫示的情景牵引下，不自觉地面对一个已经被装饰过的欲望对象世界。广告在它管辖的辽阔疆域里纵横驰骋，而我们却无能为力，更无处可逃。优雅迷人的画面、窈窕的影像美女、时尚的生活样态和各式各样令人不得不信服的专家引导，使每个人从表层的理性认知到深层的隐性欲望都跌入了五光十色的诱人景观之中，万劫不复。

世界就是一幅无处不在的景观，所以我们无从选择，更加无以反抗。在购买景观和对景观生活方式的无意识顺从中，我们直接肯定着现存资本主义体制。

景观，当然是一种**隐性的**意识形态。换句话说，无论是通过广告，还是通过其他影像呈现在我们面前的各种景观，其本质都是在认同性地，或者是无意识地支配着人们的欲望结构。我们以对商品疯狂的追逐来肯定资本主义的市场体制，或者是在影像文化的引诱下，将现存的资产阶级生活方式误认为本真的存在方式，自愿成为五体投地的奴隶。

景观的主要捕捉对象其实恰恰是生产之外人的闲暇时间。景观的无意识心理文化控制和对人的虚假消费的制造，都是在生产之外的时间中悄然发生的。由此，资本对人的统治在空间和时间上都大大扩展了。并且，也正是由于景观能在一切闲暇时间中对人发生颠倒性欲望驱动，才使物质生产更加远离人之真实需要，从而更直接地服务于资本的剩余价值增殖。

景观画面中的意向是不容争辩的，景观，就是一段又一段强制性的独白，在这场只能屈从而不能对话的影像布展中，我们绝对无法对景观来一番批判性的审视。

对现今每天电视广告中不厌其烦地炫示的汽车和数码相机的性能，普通老百姓绝对不可能说出一句"不"。今天推荐录像机，明天可能就展示 DVD 的优越性，而后天，我们将看到高清晰度的 4K 影像。当每个家庭里充斥着各种无用的电器时，不断消失又不断生成的新景观背后，俨然晃动着资本家点着钞票仰天大笑的身形。如是，即景观无声的暴力性。景观的逻辑，是幕后隐遁的资本的殖民逻辑。

呈现是被强制性设定的，而使景观展示出来的"同义反复"的表象也是被垄断的，垄断本身又由**无需应答**的单向度的肯定维系，这就是景观背面的真相。

当代资本主义景观统治之所以能够成功，最重要的法宝还在于，它让人们悄然忘却曾经存在过的历史，或者叫**毁灭历史**。

景观，是最喜新厌旧的。各种地摊小报上今天还在不遗余力推崇的商品或者"健康指南"，明天就可能在推销另一种商品或药品的广告里成为被攻击的对象。

景观一手遮天，除却它所愿意呈现的画面之外，我们的视野里空无一物。

景观是当今布尔乔亚最大的政治。

布尔乔亚启蒙思想对神学迷雾的否定，实际上就是在重建人们的世俗生活。在钢筋水泥构筑的工业化现代性中，幻想彼岸那座美好的上帝之城早已变成自然的现实对象化改造，而神学的禁欲出世也变成了感性欲望的解放和现世声色犬马的享乐。然而，在德波看来，今天的景观将人间再度变回"幻象天堂"。景观中人的真实生活牢牢地被影像幻觉所控制。此时，幻象又在了，然而它不再是彼岸的神性天堂，而就在我们身边。何其深刻的比喻！一句话——我们好不容易走出了缥缈的宗教幻觉，踩到了物化的实地上，然而德波终又让我们在景观的迷雾里再度一脚踏空！

社会本身的矛盾和分裂是宗教幻想的最初形式，土地上的等级要由天堂中的等级来神化，说到底，天上的神仙是维护地上人的利益的。

在当代资本主义生产过程里，面对自动化机器系统巨大的操控力量，劳动者始终处在被动的地位，这一点，马克思已经看到了。马克思没能看到的是，在原本美好的闲暇时间中，人的存在非但不能如他自己所想，自由而全面发展、实现一种舒展的创造性，相反，却是被奴役和被动的。绝望因此油然而生，景观统治的实现不再主要以生产劳动时间为限，相反，它最擅长的，恰恰是对劳动时间之外的闲暇时间的支配和控制。在景观的奴役之下，连原本应该能充分发挥创造性能力的闲暇时间也充斥着一种表面主动、内里消极的**被动性**。这一次，人彻底成了翻不出如来掌心的孙猴子，无论何时何地，我们都只能被动地活在景观之中。

资本逻辑对劳动之外的时间实施了一种全新的殖民统治。阳光明媚的假日，人们可能自助旅行，可能去户外进行体育锻炼，也可能到商店、饭店和其他娱乐场所休闲消费，但这一切，几乎都是在景观无形的教唆和预设控制下进行的。我们号称正在自由地享乐、主动地活动，然而真的不是！主动性和创造性的光鲜外表之下，真正发生的还是一种闲暇生活中的**伪主动性**和被动性，其本质仍然是无个性。

在马克思的眼里，资本主义市场经济中真实物品的使用价值是屈从于它的价值而实现的，于是，作为价值象征性替身的金钱和能生钱的金钱（资本关系）理直气壮地篡位为王；而在当今的资本主义世界中，真实的存在被其影像所替代，人们始终无知无觉地将这些影像作为本真性来居有。好一种**景观拜物教**！

资本主义经济力量是引领人们挣脱自然的"解放者"，但实际上它并没有真正解放人，而是建构出另一个同样不以人的意志为转移的物化经济力量对社会生活的新统治权。

商品、货币和资本拜物教的发生始终是自发和无意识的，而景观布展却是**人为故意**的。

景观不是外在强制，而是表面不干预中的隐性控制。

景观中的消费，实际上就是幻想的消费，这倒不是指人们在使用自己购买的物品时产生幻想，而是特指人们在思考**为什么要买**、要参与或者要花钱时发生的**动机性幻想**。这里，人们往往并不是被迫，而恰恰是发疯般地涌向景观指认的那些**被观看到的**光亮商品，甚至一往情深地将景观的促销阴谋误认为自己本真的欲望。

景观犹如一场永久的鸦片战争，人们沉迷其中，乐不思蜀地失却了对真实生活的要求。

隐藏在景观商品之伪独一无二性背后的正是规模生产的机制，在今天的广告中被吹得天花乱坠的东西，注定将是明日仓库里过时的破铜烂铁；越是在广告中光彩夺目、令人垂涎欲滴的东西，生命力就越短暂，一旦被我们所持有，它将立即失却原先笼罩周身的光彩和魅力。

生活在绚烂的资本主义的景观社会中，人的本真需要和欲望荡然无存，生活中的一切都被景观炮制的光亮物品所代替，人之生存反倒成为存在论上的伪造。一眼看过去，景观社会里其实什么都没有，唯余一群被异化消费支配的疯狂购物者。

在景观式的消费布道中，资本家的宣言冠冕堂皇：

"消费者是上帝"，他们所做的，只不过是为消费者创造一片购物的天堂。可是实质上，景观支配下的人有如一群可怜的商品之奴，他们的**称帝**只不过是一种**他性的**指认。在被誉为天堂的大型购物中心（shopping mall）里，他们牢牢地被景观控制着，快乐地购买和消费着一个又一个即刻就将逝去的东西。这"大多数"专注地沉迷在景观这个伪天堂里，乐此不疲地扮演景观殉道者的可悲角色，最终得道升天的却永远是获得惊人利润的资本家。

资本家一手炮制景观，而景观又牢牢牵引大众疯狂的心，在这种空前荒谬的景观消费背后，始作俑者资本家是最大的获益人。从一定意义上说，时尚杂志和电影电视中上演的生活方式似乎比现实生活来得更真实，昨天电影里的一句台词一夜之间就可能风靡大街小巷，迅速成为人们奉作金科玉律的信条；而今天某位影视明星不经意的一套衣饰也可能马上成为明天大街上最引人注目的流行风暴。可见，景观不仅制造伪消费，甚至直接伸手制造生活。

明星之所以光亮耀眼，恰恰是因了平庸大众的反衬，这也是一种他者认同的辩证法。

明星是谁？是一个为不得不安于陈腐日常生活的我们造梦的人。

明星成为景观在主体位置上的**景观代理人**，而这个代理人之所以在场，恰恰是由于普通人的不在场。

明星的光芒是被制造出来的，正是在**不是他自己**的意义上，他才是明星。

在人类社会发展中以游牧业和农业生产为基础的自然经济时期，千百年来，太阳日日东升西落，粮食的生长与收获也周而复始地四季轮回，农民们祖祖辈辈被圈锢在土地上低头劳作，时间不停流淌，生活方式却不曾有明显的改变，这使他们更容易相信时间的循环往复性。

工业生产将原有农业生产基础上的静态社会打得粉碎，它结束了循环时间，开创出真正意义上的不可逆时间。进步的知识与循环式的愚昧对立，那么工业和破解自然秘密的实验科学的出现，必然要打破神学不朽的凝固性，因而才能成为历史生活的一种新形式。

资产阶级的不可逆时间不是人的真实生存的进步时间，而是一种物化的历史时间。用马克思的话来说，资本家不是人（主体），只是资本的人格化，至多是一种经济动物。

资本逻辑已经发展成为**消费得掉才有新的生产**！

伪循环时间就是景观时间。伪循环时间的本质，就是通过种种影像的轰炸，暴力式地迫使人们接受图像背后强加的消费品。影像制造伪欲望，伪欲望构成异化消费，伪消费再促进新一轮的商品生产。

景观时间中，正常的节日已不再是人生存中真正有意义的庆典，反而成了景观时间特有的商品倾销时段。所以，节日不再是我们的节日，而是一段资本家用景观强迫我们消费自己并不需要的东西的专用异化消费时间。

在城市的空间布展中，资本可以更集中和便利地宰制自然和社会。生存于工业资本制造出来的这种**社会空间**中，人与自然的存在都丧失了神秘感和诗意的光泽，这就是帕斯卡笔下沉默的金属和水泥的世界，在这里，所有的建筑和道路都是沿着资本的商业逻辑布展与存在的，笔直宽敞的路面上，我们看不见一丝自然和人的本性痕迹。我们生活在一个空调与蔬菜大棚消灭了四季，人工照明系统打破了白天与黑夜的时代，人们因此而不再能生活在自然世界之中，我们的吃喝拉撒，是在一个个被制造出来的商业都市里进行的。

在今天的景观空间中，分子化的孤独的人群在实际上的空间分隔与景观制造出来的虚幻共同体中交织成一个奇怪的存在：人本质上是孤独的，可他们又从"无所不在的"影像（听同样的广播，看同样的电视、报纸和网络）中获得了虚假的共在性。也是在这个意义上，景观空间不再是传统意义上那种物理空间组织结构，而是一种全新的"心理–地理学"。

景观是整个布尔乔亚意识形态的**直接物化**。我们生活在一个光怪陆离的媒介时代，在不由分说汹涌而来的各种影像之中，景观已经将过去意识形态那看不见的隐性霸权变成了看得见的虚假影像世界强制。通过制造人之欲望、通过向我们施以无处不在的对象性诱惑，景观不可思议地实现了在深层无意识层面上对人的直接控制。

景观将人自己创造的没有生命的东西变成了生活中处处不停地自动发生并且取代我们的生命、支配我们的存在的力量！用哲学的话来说，这就是生命的景观异化了。

在景观控制之下，我们不知道自己真实的自我已经死亡，听从景观意志跳舞的那具肉身只是一个空心人。

与魔鬼在一起生存。魔鬼就是那沉默的物性世界，在今天布尔乔亚的工具理性和市场王国中，过去的恶成了合法的事业，物欲成为人们正当追逐的生存目标，歌德的魔鬼就是这种**没有指认为恶的恶**。

德里达的幽灵并非鬼神传说中张牙舞爪的精灵鬼怪，它是一种学术特指，指那些看似已经死亡和逝去的思想力量对我们的**价值关照**。并非所有死去的鬼魂都将变为幽灵，只有那些能通过记忆和精神遗产纠缠活人的鬼魂才能化为幽灵。这种纠缠恰是伦理性的关联，幽灵是作为一种我们存在的**无形的感情依托和价值支撑**出现的，所以，幽灵总是与我们的生存曾经或者正在相关的亡灵。只有我们活着的人，才能时刻感觉到某种他人的幽灵正在看着我们，一如哈姆雷特那个死不瞑目的父亲。

相对当代资本主义的全面胜利而言，似乎马克思及其思想已丧失了在场的存在之真实。但也正是这种现实中的不可能性，越发使它显得崇高，使它成为构成现实场中的正义之张力。所以，恰是失败，令其获得了幽灵般的意义。马克思的幽灵，最终在死亡中复活和返回。

资本之物化关系正是社会生活中的大他者，资本主义市场中的平等交换是一种想象和象征合法物，只是在这种物化象征失败的地方，才露出这种现实所遮蔽的真实——剥削来。

在福柯那里，大写的主体和作者死亡了，他循着尼采的手法，在大写的上帝死后，彻底杀死了大写的人。

由此，非自拘的干干净净的纯我在反抗一切礼教文明的软暴力中诞生了。其实，这种所谓后现代的戏剧性的东西，也实现在德里达对逻各斯中心主义的解构之后的延异、利奥塔的反宏大叙事逻辑之中。

作为主体的 S 永远被斜线划着，人还得"去在"，他经受了无数他者的欺骗和空手道式的花招，可是，人毕竟活着，作为一种残余的缝合（"症候"）进行着抗拒。他不可能复归自身，但正是这种不可能性成为他活着的欲望之根。人没有真正死去，他有一种面对实在的生之欲望原动，他不得已必须**赖活着**。

在加缪那里，人之存在就是荒谬，即那个永远向上推举不断掉下来的大石头的西西弗斯。无尽头的对抗就是人的存在之解。

依拉康的看法，个人主体从来就不是他自己，而是作为小写他者和大写他者篡位后自欺的空无在世的，并且，在每个人一生的生存中，即使我们看破红尘、撕裂他者的面相，人也永远无法复归本真此在，原因很简单，因为人从来就没有本真存在！人就是不可能真在的被划上斜线的主体，人就是那个不可能在此的症候性此在。

在齐泽克看来，人既无法回到自己那自然性的原初，也无法弥合他在自然母亲身上深深割开的伤口，因为他**就是那道伤口**。

东西变成钱，钱是财富的抽象表现。钱本身是物（石、骨、金属和纸）的一种，可是它又不是物。它是一种**金刚不坏之物**（Thing）。

在拜物教的逻辑中，"追星族"并不是追逐具体的对象，而是在疯狂欲求一种不是实在对象的不朽的东西。齐泽克说，这就是**意识形态幻象中存在的崇高对象**（sublime object）。

在市场经济的社会有效运作中，人们发疯般在追逐金钱，可是，仔细想来，就会发现人并不是追逐金钱的物质**客体**，而是无意识地指向在具有一般物质形态的货币中似乎存在的那种金刚不坏的非物质实体性的崇高对象。这个对象正是空无，而意识形态幻想使它看起来是一个实在的客体。

这就像你的名字，在你还没有出生时，他人已经替你取好了，你来到人世，那出关于你命名的戏已经演完了。而在主体幼年时的镜像阶段中，由于对虚假之镜像的迷入，主体建构自始就是一种对他者的误认，所以，主体存在的维系永远是建立在对自身空无的视而不见之上的。

内里的败坏是构成自身存在的构件，这就是症候的本质。症候的存在，即颠覆自身本体的基点，**它的存在表现了自身的不存在**，即存在论上的**非法性**。

商品拜物教是一种误认，在抽象价值的象征性结构中，物失去自身的实在成为一种抽象财富。在拜物教中，象征性的抽象**倒过来**比真实的财富更重要。抽象决定和统治现实。

时下街头一位年轻姑娘的站姿、头发斜披在脸的一侧和亲密接触时的呢喃，可能都是电视剧的无意识下载。

今天的资产阶级意识形态不再是朴素和天真的了，他们对意识形态本身的幻象性心知肚明，但是公然"自指着面具而前行"（巴特语）。意识形态今天的最"突出的模式"是犬儒主义的。这是一种逻辑构架中的**不要脸性**。

工具理性也是信仰，而且是一种更深的**无意识之中的物性信仰**。用韦伯的话来反讽式地指认：**形式合理性恰恰是更隐蔽的目的合理性**。

在阿尔都塞的意识形态国家机器说中，大写的主体就是上帝以及种种**大写的类本质**（绝对观念、存在、人、总体，主义等），现实中存在的个体不过是这种主人的镜像复制。这就是意识形态功能性运转的秘密。并且，这是一种**隐性的**自运转，在生活的各个层面上，镜像复制总是自觉或不自觉地发生着。

卡夫卡小说中的人物通常是体制之外的，如变形了的虫人，这是精神分裂的另一种艺术表现形式。在常人进入认同和主体化的地方，变形的虫人却无法进入。在一般主体接受询唤的地方，虫人却一头雾水。

在拉康那里，个人主体无论是在早年的镜像阶段还是成年后的语言教化时期，都不是自己本我的同一体。在镜像阶段中作为小他者（镜子和他人目光）的影像认同，主体不过是想象界中的异化存在者；而在社会交往的象征性能指网络中，主体进一步幻化为语言交互询唤的面具之我。所以，当一个人在不知此真相的情况下，自以为自己就真是"我"时，他就是一个十足的"fool"（笨蛋）。而依此推论，任何一种社会角色，无论是国王还是官员、专家等等，都是"交互主体性的关系网络所赋予他的象征性的委托权"的结果。你真的以为自己是那个**什么**，你同样也是笨蛋。

今天的不平等并不是出现在传统的**可见的**压迫和政治纷争中，即被描画为阶级主体之间的奴役和斗争，而是表现为这个社会承认之外的**不可见的**被剥夺身份者的消失和被忽略。

看起来所有无产者都是资产阶级社会中"自由平等"的法人，可以一人一票选举总统，可是他们仍然是无份于支配这个社会共同体的局外人。

在朗西埃看来，所谓治安，不是一种可见的社会控制功能，如法律条文形式上规定下来的东西，也不是规范性的道德律令。在本质上，治安是在社会象征和身体化的微观层面上对可感知者进行有序划分和分配的**感性体制**（*regime du sensible*）。其中，治安通过隐微的秩序界划规定了人们**看到**社会存在的感知模式，由此生成**有资格**介入社会活动的参与模式。比如在资产阶级社会中，被看见的始终是有脸面的建构性的主体，同时，在这种治安的看见和"有资格"中就出现了某种看不见和无资格的**空**，比如今天西方社会中的流浪汉和移民黑工。

作为"天"的全球，是古代人的**主观静观和神学异化**中的天宇世界，而到了资本主义的现代工业中，全球只不过是**被支配的对象物——可价值功用化**的祛魅化的"地"。从天到地，这是一种全球化逻辑构境中的重要颠倒。全球，从天上的观望到地上的对象化，也经历了布尔乔亚在工业制造中实际动手做的 to globalize（全球化）。今天的全球化已经不再是一个抽象的概念，而是对这个星球所有时空进行**远程资本操控**的系统过程。

西方古代人在思想中去测量天，无论是**理念逻各斯**还是假手上帝的**神性**，实质上都是以观念的方式**构序世界**，让海德格尔意义上遗忘了存在本身的物性存在者（"万物"）入序为有合理结构的令人虔诚敬畏的至**善球体**。

从天上到地上，是这个自然存在的地球第一次被彻底**对象化**（海德格尔语）的过程。依韦伯的解蔽逻辑，天和地都将被**祛魅**，这个没有了神性光芒的星球将成为资产阶级商业开发的工业大作坊。

依斯洛特戴克的观点，资本的内部空间，并非物理学意义上的客观广延性，而是由资本主义金钱**关系**建构起来的魔幻般的生活状态。它将人变成经济动物或者劳动工具，并且，它会像一个巨大的黑洞，将一切存在吸进自身的无底深渊之中。

在资本主义现实大地全球化的进程中，发生了一种根本性的空间改变：人们不再固守家园的空气和声音，不再记得历史的传统教化，故土的诗学空间被客观的交换关系抽象为市场的一个投放场所，地方性的神秘魔力荡然无存。

地理发现，并非从无到有，而是对已经存在但不属于自己的领土和落后地区人民的从不知到知。知道，就必须侵占和窃为己有，并将这一残暴的侵占行为堂皇地命名为**从野蛮到文明**的转化，让这些没有被资本"普照的光"照亮的黑暗地方变成黄金透亮。这就是资产阶级发现的本质。

明明是人家土著人群的家乡，可欧洲殖民者登上这些土地时却将其武断地判定为**无主之地**，土著的居民并不被当作可尊重的人类**主体**，而是作为无主之地的附属物品被驱赶和杀戮。令人发指的是，这些资产阶级的侵占者并没有觉得自己所做的事情是暴行，反而认为这是散播欧洲启蒙之光的善行，是让野蛮的不毛之地走向文明光亮的解放。

杀戮土著的印第安人（这个名字就是殖民暴力的结果），抢占他们的财富，占领他们的家园，这不仅不违资产阶级在反对封建专制时所确立的平等、自由和民主的法律，反而是美国冒险精神和梦想的体现。

虚拟此在（个人主体）把过去需要面对面交往的共在变成一种远程登录在场共在，具体到资本家与劳动者、商品供给侧与消费者、资本家与资本家的关系，都转换成一种电子化的界面交易关系。新的资本主义全球化建构了全新的虚拟**球面存在**，它是通过电子信息化和远程在场将一切外部消融在自己的内部来实现的。

今天看起来电子化、信息化、景观化的全球世界，真正的主人仍然是"拥有购买力"的那帮资产阶级成功人士，这是支撑他们生活世界的移动设备。在网上"刷存在感"的草根，其实无法打"飞的"周游世界，也不能操盘万亿资本电子移动，这个远程共在的虚拟球面世界的内部空间，说到底还是布尔乔亚的自留地。

人类自远古所追求的那个高尚的自由，在今天的资产阶级市场经济中已经变成一种人之外的事物的自由。因为，人们虽然从封建专制中摆脱出来，看起来成了自己的主人，但这里发生的改变是我们不再为奴隶主和地主服务，而是通过商品-货币在市场流通中的消失，被役于那些从不见面的陌生统治者。

在达及光速的远程登录时，**消失**即成为存在论的根本维度。依我的观点，消失也是整个当代资产阶级意识形态的根本维度，时尚和商品的存在目的都是消失和死亡。

如果，消息是指远方传递来的事件发生后的报告，那么在今天的网络信息远程传输中，30 万千米 / 秒的即时（微信等）在线传输，则让消息解构，图像异地传递中的延迟也消失得无影无踪。光速是快，但它也让时间的历史厚度消失，而这种厚度恰恰是过去人的历史性存在的根据。光速到达会让**此在在此**的时间维度彻底崩塌。

远程在场，这是过去存在论中当下在场规定最重要本质的致命解构，因为任何此在在场，总是自己亲身在及物性关涉中直接上手和在世，而在今天的光速网络点击中，我可以在万里之外任何一个网址中登录。在场不再是此在自身的直接在场，而是电子化的远程在场，这使得存在论对此在在场的全部深刻看法立刻土崩瓦解。

光速远程在场的真理就是无地点。

在西方思想中，乌托邦即一种美好但不现实的远景，福柯曾经将社会生活中客观存在的反体制的现实指认为异托邦（hétérotopie），而维利里奥则将由远程技术实现的远程即时在场指认为一种已经实现的**不可能临界时空——大写的远托邦（TELETOPIE）**。

远距离行动是远程在场中的直接操持，此在借助光速到达可以即时随处在世界之中，不过这个世界已经是全新的数字化上手－环顾世界。在海德格尔的存在论中，在场总是此在当下的在此，在及物的关涉操持中，我们上手事物，自然通过向我们涌现而解蔽为真理，功能性的上手操持结构之链接则环顾为周围的世界。然而，今天的网络信息化远程登录的即时在场却总是在远程他处，它破坏了在场的在此性。

在这种大写的远程在场中，此在不再直接上手操持于物，而是通过电子传感器（最新的可穿戴装置）间接上手。此在不再直接辛苦地亲身环顾建构世界，电子景观会直达这个世界的每一个微细角落。此在在此是因为此处不是别处，而今天的别处却被远距离在场所废弃，在此由此远在，这就是维利里奥所说的**远托邦**。

我当下在中国南京的龙江小区通过智能手机点击柏林"红色书店"的网站，作为此在的我是分裂的，我的肉身在南京，可是我作为此在的具体关涉性操持——购 MEGA[1] 的六卷旧书，却在一个数千千米之外的他处。此时，北京时间与柏林时间之间的时差消失了，从南京到柏林的距离被消除了，在场本身不可思议地成为一种远程登录操持。远托邦，即远程在场中不可能存在的发生。在传统存在论中不可能发生的一切都发生了。

远程在场杀死了存在论中的在场，其实也是杀死以往的一切存在。由此，存在将被重构！所以，这是一件与 19 世纪末尼采所大喊大嚷的"我们杀死了上帝"同质的大事。我们必须重思网络信息化条件下的**远程在场存在论**。

19 世纪到 20 世纪前半段，我们的物理空间和环境改变，是通过道路和铁路上奔跑的笨重汽车和火车来缩短距离，但无论如何，我们的实践跳跃从来都没有真正离开过坚硬的领土，也没有超出过我们的动物性身躯。可是今天从上而下的卫星通信和遍布全球的光纤电缆，早就不是单纯的通信，它可以非物质地直接控制存在的每一环节塑形和构序。这里的非物质只是比喻它对领土和物理空间的超越，其实，看起来虚拟的数字化存在比任何时候都要物质和现实。远程在场操控数千千米之外的无人机发射的绝不是观念，而是真的威力无比的炸弹；对冲基金的索罗斯在美国通过远程操持进入亚洲国家的金融系统所造成的巨大获利，也不是一种心理情绪，它是真的客观金融危机和经济溃败。

今天的世界是建立在远程在场的电子幻象的"骤然动员"之上的，我们的肉身不动，却依靠光速的远程在场建构了一种对虚拟城市的即时到访。我们不知道，恰恰是电子到达阻断了我们对一个城市的真实到达，数字化幻象建构起来的世界解构了我们对感性世界的接触和认识。这造成了一个认知悖论中的辩证法，本来数字化的技术是让我们更好地认识世界，可是事实却是相反的。

远程主体性就是**数字化活死人**。远程主体就是新型的**电子伪主体**。

如果过去每一个个人主体的在场，无论是面对自然，还是面对另一个主体，都必然是以一定的时间和地点遭遇自己亲身经历的事情，那么在场之存在当然具有不可替代的必然性。而今天的远程电子在场则打破了这一必然性，远程登录的在场变得任意和偶然，世界和事件的到来通过电脑的一次按键和智能手机的一次点击，就会在一种光速电子瞬间实现在场。

今天，整个世界向我们呈现的"现象统觉"所经过的**先天综合构架**已经是光速到达的网络信息链接和远程在场。过去，当我们去看、去听、去闻、去摸这个世界时，它才通过一定的地点和一定的时间中的感性经验传递给我们，现在每时每刻，电脑和智能手机上的各种景观信息的"即时推送"，世界是在以光速的全新时空电子显象强塞给我们。

一说到时间，我们的感性具象会是从沙漏和时钟那慢慢流淌和嘀嗒声开始的，它总是标识一个先后到达的持续过程，可今天的时间在我们点击电脑屏幕和智能手机的显示屏的那个瞬间就是一种**以光速到达的立刻在场**。网络信息技术条件下的速度就是光，30万千米/秒，这是一种急速膨胀了的存在论上的远程在场。

在康德的认识论中，原来我们总是在一定的地点和一定的时间中，通过自己的感官直接遭遇这个周围的客观世界，再由先天综合观念构架自动生成统觉，使人们可以看到、听到、触到被整理过的现象。在今天的网络信息技术之下，我们的生物感官被电子义肢替代了，电子图像、电子音响和电子感触器隔开了我们与世界的直接接触。这是一种不通过我们的感官而生成的"无目光的视觉"。

我们只剩下一个感知世界的支撑面，这就是电视屏幕和智能手机的显示屏，由无数的网络摄像头和电视频道建构起来的电子化视觉和触觉，实际上剥夺了我们真实面对经验现象的权力。其实，不仅仅是延续性的时间和有深度的空间的消失，我们过去用先天综合判断整理的所有感性经验也统统消失了，今天只有远程光速抵达电子显象。

摄影中景深的前提是有被拍照对象前后的真实远近，在以光速到场的网络信息技术之下，当我们在电脑屏幕和智能手机的显示屏上点击时，我们的此地在场与大洋彼岸的远程登录者会在瞬间合一。这样，数千千米之外的**远处**就在相聚共在中被消除了，因此也没有了**存在论意义上的景深**。

过去，人类存在不可去除的先在前提是一定的时间和空间，于是我们有先后去在世的历史，也有远近的生存景深，历史时间和有距离的远处总是消失在时间与空间的双重没影点上，这是存在论构境中的地平线。可是，当网络信息技术下光速到达的远程在场出现时，时间成为即时的瞬间之点，有距离的远处也在光速点击中消失了，没有了远处的没影点哪来的地平线和景深呢？

当光速的远程在场消除了存在论上的景深时，基于路途性之上的一系列的形而上学（世界观）体系都会失去自己的立足之处。甚至，彻底颠覆形而上学的海德格尔的**思想在路上**的深刻构境也被光速瞬间击穿了。思想在路上是指我们通过艰辛的学术努力始终在探索中，而在今天的谷歌-百度时代中，人们更多会在各种搜索引擎的光速瞬间中找到现成性的无思答案（这种答案有时甚至会是一个三流学生远程上传的作业），这就是思想在路上的解构。

这是一种新型的遗忘的文明，在今天数字化资本主义存在中，过去和未来、距离与延续都在随时随地"各处在场"的直接性远程登录中抹平了，这个"全世界远程在场的社会"正是由网络信息技术造成的远程在场的结果。也由此，我们过去的存在论遗忘将会再一次被遗忘，这会是存在论意义上的**遗忘二次方**。

过去的阳光（自然光）和电光（人工光）在存在中的

构序作用都是直接照亮存在物，从而让对象显现，然而在电影和摄像中，存在物是通过一种**间接光**映现出来的。从认识论上看，如果说，过去这个世界的现象是通过光照，我们在先天综合构架之下直接看到、听到和触到存在物的直接经验，那么现在给予我们的世界表象已经是一种重新被建构的间接光的**电子成像物**。由此，我们失去了存在的直接经验。

你已经不再借助光直接感知世界，没有了网络和手机微信上的景观，我们已经处在一种被救济的**存在残废情境**之中。更深的内省是，那个柏拉图基于光的幻象而指认的洞穴说，在电子化的间接光影转换中，会导致一个怎样的改变？是否生成一种新的数字化间接光制造的景观洞穴幻象？

维利里奥说，从工业革命以来，"运输工具和各种推进载体的发展本身引起了世界和我们的直接环境的一个觉察不到的大地收缩"。这是不难理解的情境。开始是高速公路、飞机所直接缩短的距离，然后，在今天的光速的网络信息条件下，空间会收缩为零的**电子真空**。

我们的生命存在不再与真实存在的生活家园相关，存在只发生在每个人低头于智能手机的刷屏和点击之中，这是我们在所有公共场所（地铁、电梯、饭桌，甚至课堂）中看到的现象。这一次，我们又回到早先的游牧生存中，不过，这一次却是不动中的电子漫游，它的结果是我们彻底失去了自己的家园。这是海德格尔所说的那个将我们从存在中连根拔起的无家可归性的数字化实现。

我坐在自家客厅的沙发上操作电视机的遥控器，在此处和此时完成一个直接的行动，克尔凯郭尔的"这一个"我，在此时此处活着；另一情境，则是我同时也通过互动电视的操作网络间接地将自己的行动传递到千里之外的彼处和彼时，形成一个远程在场和互动行为。一般来说，我不会意识到这同时发生的人格双重性，特别是它的哲学意义。

依海德格尔的存在论，抽象的个人主体是不存在的，只有在一定的时间、一定的地点去在世的存在——此在。可如果今天每一个人都拿着手机通过微信与世界发生关系，与"朋友圈"中的图标互动，他（她）们坐、站、躺在何处拿手机（电脑）已经不重要，这是维利里奥所说的"此处"不再存在，剩下的只有一个显示屏上的"此时"。而这个此时又是怪异的，在我的手机上，此时的聊天记录时间显示是北京时间 20 点，身处华盛顿的朋友的此时却是早上 8 点，这两个此时都是真实的，过去不可能相遇的时间现在变成了同一个此时。这种状况将彻底改变海德格尔让我们从基于存在者观照的形而上学猛醒的存在论，遗忘存在的问题现在成了没有在此的此在缺席。维利里奥的直接发问是，我们是否还能居有"真实的生活"？！

由光速所实现的远程操控使生产和交换领域中的所有商品都飞一般地在全世界流动起来了，并且，远程登录所造成的普遍化的即时偶发因素的作用远远超过斯密-李嘉图时代那种市场自发反应后由看不见的手无形支配下的流通。在今天的资本主义现实经济过程中，一条负面信息的出现可能会让一个产品、一个企业甚至一个国家的经济状况陷入绝境。

网络上的**节点**作为虚拟空间的在场将会取代过去发生在工业生产中的劳作场所。现在，在国际化远程登录的重要前提下，雇佣劳动者不再集中于大城市，而是在一种虚拟的网络节点上会聚。完成的劳动任务将在网络上直接提交，并以光速送达雇主。在印度的软件工程师，可以从新德里向远在美国的公司交付完成的编程产品。并且，资本家可以随时监控他旗下的全世界各地的软件雇佣者的劳动进程。

当人们在家中通过远程登录的方式服务于资本分包的弹性劳动时，也就无法区分哪些是"付酬劳动"时间，哪些是自由时间，电子化的远程剥削将巧妙地利用这一难以区分的模糊边界将更多的劳动吸纳进资本增殖之中。

今天所出现的全球网络信息化存在状态将会导致传统政治的虚拟化，政治不再是议会内外的面对面的斗争，它变成了一种看不见的无形的远程政治在场斗争，政治家不得不在虚拟空间进行政治博弈。谁赢得了虚拟政治中的网民，谁就将是最后的赢家，谁就能成为统治者。

现在，统治不用奴役主直接到现场就能控制一切，通过远程在场，这里的控制意志和那里的奴役对象化直接合一。如果说，在传统的政治统治中，奴役是发生在一定的领土上可见的枷锁和鞭子，那么，今天的远程在场的政治统治则成了非物质性的无处不在的远程监视和遥控。

在马克思那里，资本家并不是人，而是资本关系的**人格化**；而资产阶级则是一个民族资本**阶级主体**的构成。奈格里的帝国已经不是集体主体和民族阶级主体，这种主体是超人格、超民族阶级的，开始，它有如欧盟这样的跨国资产阶级政治经济**超主体群**，尔后，则由不同跨国资本交织而突破和生成一种**无主体**的全球性统治主权。

依奈格里和哈特的观点，帝国并非一种简单的政治组织，而首先是涌动在各种资本主义经济政治变体中而出现的国际经济和文化的新现实，它是通过"全球市场和生产的全球环路"建构起来的支配性构序结构。这是一种不能直观的**关系性客观现实**，正是资本的全球布展和劳动的国际化分工，导致了一种**资本驱动的全球化筑模**。

不同于帝国主义不断扩大自己权力中心所能直接支配的疆界，新型的资本帝国对全球的支配是无形的控制结构，混合的身份认同对应不同国家和民族的交融，富有弹性的分层指认了社会结构的动态特征，而多元的交流则拒斥单边力量的建构。

马克思当年主要将生产性劳动具体化于工厂从事物质生产的工人体力劳动之上，而今天资本主义生产过程越来越走向交往性的脑力劳动和科学知识的应用。奈格里和哈特由此推测，这有可能生成一种新的剩余价值来源以更新马克思的劳动价值论，即今天的剥削对象主要不再是工人的体力劳动，而是智力劳动者的非物质劳动，这是一种**新的劳动价值论和新剥削论**。

后现代理论主要是在批判和反对现代性的权力中心，而以碎片化、非中心论的姿态来标榜一种新的革命激进。但如果今天统治世界的资本力量已经不再是以现代性的权力方式发生作用，那么后现代所突显的革命和激进的姿态就是资本帝国的生命政治布展方式。如果后现代思潮所鼓吹的碎片化的主体和混杂的主权形式正是资本帝国全球布展的存在方式，那么这种看起来革命的话语恰恰在无意识中成为帝国统治的**观念同**

谋，虽然这可能是**无意识和倒错式**发生的事件。

今天资本帝国生存的世界市场意识形态，正是通过反基础、反本质的方式消解了一切领域性的主权、一切旧有的物理空间和时间，全球布展中的网络化资本流动和多样性的国际劳动分工，消除了任何固定边界的障碍。这样，传统现代性中依存于一定边界之中的商品、人口和文化都统统脱离了自身的基础，以无限多样的方式臣服于资本帝国的支配。

马克思早就指认过，资本总是流向可以产生高额利润的地方，这从来都是资本主义经济活动中的前提条件，只是过去资本和劳动的流动与结构化配置还受到民族国家的限制。而在信息网络化的资本帝国时代，似乎一切边界都被跨国公司的经济全球布展打破了，民族国家的主权不再能限制帝国的无形权力渗透。

从古典经济学的理论逻辑看，凯恩斯是第一个将斯密发现的资本主义商品经济中那只"看不见的手"拽向幕前的人。在不根本破坏市场法则的前提下，垄断国家代表资产阶级利益集团直接干预经济运行，这最终使得自由资本主义在历经垄断资本主义（帝国主义）之后，在**国家垄断资本主义**中走向自己的终点。

所谓技术缺陷商品是指今天商品生产中被故意设置的缺陷，并不一定真是一种质量上的问题，它们往往是在商品之间的差异性关系中被突显出来的凸状式弱点。这种技术破坏的结果，是让你无意识地、人为地更新时尚物品。

今天的计算机技术所根本改变的首先是生产劳动实践的方式，其重要特点为**互动性**和**自我修正**。在生产过程中，原来劳动者之间在使用工具和塑形对象上的主体合作现在转型为计算机用户及复杂生产环境的互动，此处的生产环境自身就包括了**自动机器与生产对象互动**的复杂加工系统，原来必须通过劳动者的经验判断所实施的校正和纠错活动，现在被替代为**人工智能的自控**。这里发生的重要事件为，传统的工人劳动者现在被边缘到流水线旁的**动作人格化**客体，而真正构序和构式财富的**创造性活动**却退出了生产过程。

乡愁，即不在家的出离感。

当思想家从事形而上学式的思考时，他远离尘世，就像离家出走的异乡人。

与动物的生存不同，人类生存中寻求安全的**在家性**并不只是简单的物性洞穴和窝居，也不仅仅是群居的血缘共同体和政治集体（"人民"），更加重要的一个非物性的构境层是**精神在家**。

在今天后福特资本主义进程中，全部生产都已进入智能操作进程中。在自动化数控生产中，传统的劳动者物理空间中的劳动分工失效了，技术的分工已经转换成机器自动控制程序和流水线上空间布展中的机械构序。劳动者现在要做的事情是看懂电脑和数控表盘，学会监管者之间的交流和信息传递。这一切的实现都离不开一般智力。当这种一般智力不能成为劳动者政治上的自觉意识觉醒，不能成为一种政治共同体时，它就必然会是资本奴役诸众的个人依附性工具。

2

"构境"（situating）是我在 **2007** 年提出的核心哲学范式，它的最初出场是寄居于《回到列宁——关于"哲学笔记"的一种后文本学解读》（江苏人民出版社 **2008** 年版）一书的方法描述中。在我这里，构境概念被表述为关于**人的**历史存在论的一个**东方式**的总体看法，它不涉及传统基础本体论的终极本原问题，而只是讨论人的历史性存在的最高构成层级和高峰体验状态。当时我区分了社会生活空间中的**物性塑形、关系构式、构序驱动和功能性筑模**之上的人的不同生存层级，以及这些不同生存状态和意识体认可能达及的不同生活情境，我将主体存在的最高层级界定为**自**

由的存在性生活场境和精神构境。很显然，在当代思想的形而上学内省和焦虑中，人们因为担心存在变成石化的在者、概念变成死亡的逻各斯本质，于是做作地在存在和概念的文字上打叉（海德格尔的"删除"和德里达的"涂抹"），而构境之存在就是当下同体发生的建构与解构。情境之在不存留，只是每每辛苦地重建。当然，在现实历史事实中，构境存在通常是与**他性镜像和伪构境**（幻象）同体共在的。

"构序"（ordering，创序），是我在 1991 年提出的一个概念，在复杂性科学中，构序即负熵。构序与马克思历史唯物主义中的物质生产力同义，是指"**人类通过具体的实践历史地构成特定物质存在层系的人的社会存在的带矢量的有序性**"。2009 年，我在构境论的基础上再一次确认了这一概念。"与主体性的劳动塑形活动和客观的主体活动关系、塑形物的链接构式不同，生产创序是整个社会生产过程中活生生表现出来的特定组织编码和功能有序性，或者叫保持社会存在消除其内部时刻发生的坠回自然存在无序性熵增力量的有序性**负熵源**。社会历史存在中的创序能力是以劳动塑形为主导的整合性的社会创造能力，这种创序能力随着社会生产的日益复杂化而丰富起来。"在后来的思考中，构序概念也被用于人的主观经验塑形和观念创新的精神活动层面。

广义历史唯物主义与狭义历史唯物主义，历史辩证法的客体向度与主体向度，是我在《马克思历史辩证法的主体向度》（河南人民出版社 1995 年版）中提出的观点。广义历史唯物主义，是指马克思恩格斯在《德意志意识形态》一书中创立的历史唯物主义的一般原理，它是以直接生活资料的物质生产与再生产为全部社会生活的基础，并从生产力与交往关系的特定历史结合方式——生产方式的客体向度透视人类社会历史和意识的本质。这里的客体向度是指客观地观察社会生活本质和社会发展的一般规律的思考维度。而狭义历史唯物主义则是特指马克思在《1857—1858 年经济学手稿》中发现的历史唯物主义的特殊观点。这一学说主要基于物质生产高级阶段出现的分工协作和科技力量的全新实践层面,从历史辩证法的主体向度出发,以经济的社会赋形为观察对象,特别是资本主义生产方式中出现的人与人的经济关系颠倒为事物与事物的关系的现象。在这里,人所创造的经济关系成为制约人的生活和全部观念的主导性的决定力量,由此创立了透视经济物相化活动的历史现象学和科学的批判认识论。这里的主体向度是基于历史唯物主义的客体向度,观察不同历史时期人们主体生存状态的批判性思考维度。

"物相化"是我提出的新概念。"物相"一词，我在《回到马克思》第一卷中已经使用。在物理和化学等科学研究中，phase 又称"物态"，一般指物质分子的聚集状态，是实物存在的形式。通常实物以固态、液态和气态三种聚集状态存在，在特定条件下又会呈现出"等离子态""超导态""超流态"等物相。而我所新设定的物相化中的"相"却不仅仅是物态之义，而兼有实现出来的主体性爱多斯（eidos，共相）之义，因为黑格尔、马克思思想构境中的一般物相化，总是指一定的主体目的（"蓝图"）和理念对象性地实现于对象的用在性改变之中，这是看起来现成事物对象的消逝性之缘起。日本学界在日译马克思的事物化（Versachlichung）概念时，通用了"物象化"一词，而中文中与意象相对的物象概念本身带有某种主观显象的痕迹，所以，用物相概念可以更好地表达马克思历史唯物主义所透视的用在性实存对象。马克思在自己晚期经济学的文本中的广义历史唯物主义讨论中，经常使用 materialisirt（物相化）一词来表达实践活动、生产劳动活动（爱多斯）在塑形对象效用中消隐于物质实在里。当然，人历史地实现自身的主体物相化、人创造出不同历史时间质性的社会共同体组织的社会物相化、工业生产中机器化大生产中的科技物相化，以及商品市场经济场境中，整体盲目物相化的经济返熵和反爱多斯的经济物相化是更难理解的。

物象概念，挪用自日本学界对马克思中晚期经济学研究中使用的 Versachlichung（事物化）的误认——物象化。它是指人们直观中现成性物体的对象外观和呈像，这是将工业生产物相化中的主体构序和关系赋形结果非历史地视作对象本身具有的不变属性和内在结构。康德的感性经验统觉中的直观"现象界"、黑格尔《精神现象学》中的熟知"感性确定性"、胡塞尔现象学构境中的"现成性对象"和海德格尔存在论中的形而之下的"存在者",大都如此。在马克思的中晚期经济学研究那里,这种将经济物化活动中物品的社会关系质性错认为自然属性的现象,被特设性地指认为停留在物象中的认知**物化**(Verdinglichung)。

"构式"(configurating)系我在 2009 年从建筑学研究领域中的"空间句法(Space Syntax)理论"中挪用来的概念。我当时是想用其指认"人与物、人与人主体际的客观关系系列及其重构(再生产),这是人类生存超拔出动物生存最重要的**场境关系**存在论基础"。与有目的、有意图的主体性的劳动塑形不同,关系构式往往是呈现为一种受动性的、结构化的客观结果。它既是社会生活的场存在形式,又是社会空间的建构。在关于福柯的研究中,我发现"构式"一词竟然也是在法国科学认识论研究之后一批重要学者使用的范式。这里，我进一步确定了信息编码（information coding）为构式的本质。如果说，劳作物相化赋形（formation）是给予事物一种关系性的场境，那么构式中的 information coding 则是在一个更大的关联系统中对事物的关系性场境定位。历史性的不同生产构式是走向异质性社会生活场境的根本基础。在观念层面，逻辑构式是一定观念赋形场境中的关键性构件，通常是指思想家面对社会生活现象所使用的某种方法论功能整体。

思想史考古学，是我从福柯哲学中挪移并改造的研究方法。福柯早期有两本书〔《词与物——人文科学考古学》（1966）；《知识考古学》（1969）〕直接讨论了这种特殊的**考古学**（*archéologie*）。以他自己的说明，哲学是"诊断"的事业，而考古学是"描述思想的方法"。据林志明博士的考证，福柯这种探寻沉默不语事物的考古学来自他的授业老师杜梅齐尔。杜梅齐尔的主要研究领域是宗教文化史学，他以新颖的结构主义方法大大地开拓了已有百余年历史的比较宗教学。他致力于印欧宗教神话系统的隐性结构的研究，梳理出印-欧各个不同地区共性的思维和观念形态。在这样的研究理路之中，杜梅齐尔提出了对传统宗教文化史学中的"化石"进行"重构"的分析，并指认这是一种与传统的"物件及遗址的考古学"平行的"再现行为的考古学"。在杜梅齐尔那里，过去还原史实的考古学成了再现行为的情境**重构**。我已经践行的思想史考古方法，也可以再细化为概念考古、观念考古与思想考古三类：概念考古主要是通过词频统计法，通过原文中学术关键词增加或减少的频次，确认特定学术话语在文本中的内在构境意向；观念考古则更多地体现为对笔记和书信类文本的细读，确认思想观点历史发生的具体节点；思想考古的方式，主要体现为对话语格式塔、理论逻辑构式和思想构境的历史转换线索的追踪。

话语格式塔的分析方法，系我在福柯的话语事件场（Le champ des événements discursifs）概念的基础上塑形起来的思想史考古学的新观点。福柯在 1969 年写下的《知识考古学》（L'Archéologie du Savoir）一书中，提出了取代认知型（épistémè）的话语事件场理论。在他看来，死去的文本中激活话语的核心不是一种连续的语言系统，而是一个言说事件的突现式发生。格式塔（Gestalt）在德文中为外形、形态之义，动词 Gestalten 则有塑造、形成、构成的意思。格式塔心理学形成之后，Gestalt 一词又逐步生成"完形"之义，并通指一种整体性的突现（Emergence）场境。依阿多诺的解释，现代格式塔理论"对于整个康德传统来说是祛质了的、混乱的感性质料和现象的被给予性，解释为已被规定的、结构化的东西"。这是一个极其深刻的说明。我在 20 世纪 80 年代之后已经比较普遍地使用此词。马克思在自己的学术研究中也经常使用 Gestalt 一词，但那个时候，Gestalt 不会出现格式塔之义。我的话语格式塔分析，则是借用格式塔心理学中整体场境突现特征，特设性地说明相同的概念在不同的话语塑形与构序格式塔整体中发生的异质性思想构境。在马克思思想的发展进程中，这种话语格式塔分析并非仅仅表现在市民社会（bürgerliche Gesellschaft）Ⅰ—Ⅳ 的历史性话语场境转换中，也表现在异化、事物化、客观抽象等重要概念的话语编码中。在本次研究中，才会出现我所历史性标识的劳动异化批判构式Ⅰ—Ⅲ、事物化Ⅰ—Ⅳ、对象化劳动Ⅰ—Ⅱ，以及客观抽象Ⅰ—Ⅲ。并且，话语格式塔分析也会体现在辩证法、认识论以及物相化等更大的话语构式变易之中，这具体呈现为观念辩证法、人学辩证法、实践辩证法、历史辩证法、生产辩证法、劳动辩证法和"第二自然辩证法";批判认识论—历史认识论—科学的批判认识论;一般物相化和经济物相化等。这是我所给出的马克思思想史不同话语格式塔中出现的相同概念入序于异质性思想构境的多重界划边界。这本身构成了概念考古和逻辑构式考古的基本构境分析法,它与量化的词频统计和文献考据工作,共同构筑了思想史考古的全新理论构境层面。依我的看法,在过去一个半世纪中,关于马克思文本的截然异质的解读,以及大部分争论的问题,恰恰是由只是抓住了马克思文本中在不同历史语境中话语能指漂移中的某一种意义所指,而排斥马克思并没有清楚界划出来的其他所指造成的。依话语格式塔分析中的能指漂移所生成的多重意义所指而进行的边界的界划,将会极大地推进我们对马克思的文本解读,从扁平化的线性模式转向立体的复杂历史构境。

谱系学原为生物学中研究类群谱系的学科。尼采在其 1887 年的名著《论道德的谱系》一书中，首次用其表述一种解构进化式史学观的道德分析。这种独特的思想史谱系研究被后来的福柯发扬光大了。在福柯那里，谱系学出自他的论文《尼采·谱系学·历史》（*Nietzsche, la généologie, l'histoire*，1971）。其实，在《临床医学的诞生》和《词与物》等书中，福柯都提到过谱系学概念。之后，思想史谱系研究在福柯那里逐渐生成了反对起源和解构主体的双重否定性。我所指认的思想谱系研究，主要体现为对一种理论构式或核心学术范畴的长程观察，这种谱系观察是在拒斥目的论史学构式的前提下，追溯学术逻辑构式内在演进、变异和根本转换的历史过程。比如马克思源自黑格尔《精神现象学》的非物象透视法，在《1844 年经济学哲学手稿》中对私有财产的主体性透视，在《关于费尔巴哈的提纲》中对感性直观对象的实践透视，以及中晚期经济学研究中历史现象学中的经济物象透视的演进全程；马克思的社会关系场境存在论，在《关于费尔巴哈的提纲》和《德意志意识形态》中的发生（一般物相化），再从《1857—1858年经济学手稿》到《资本论》的深化发展（经济物相化）的全过程观察等。

筑模（modeling）一语是我从英国科学社会学家皮克林那里挪用的。它指当下地、功能性地生成一种实践模式，用以更精准地呈现马克思原先用生产方式观念试图表达的意思。起先，我是用"实践格局"概念来表征马克思的这一观念的。后来，经过反复思考，还是启用更具能动性的筑模概念，以取代带有现成性意味的实践格局。当然，筑模也同样发生在更复杂的思想逻辑建构之中。不同于有序性关系赋形或系列的构式，筑模是一种融于实践和思想活动之中的总体性功能结构，它就是动态中的**构序活动**，正是它不断创造着社会存在和观念进化的负熵源。在马克思中晚期的经济学研究中，他在德文中经常使用的 Bildung 一词，也是在建构一个动态功能模式的意义上出现的。他分别使用过 gesellschaftliche Bildung（社会筑模）、Bildung des Kapitals、Capitalbildung（资本筑模）、Werthbildungsprozeß（价值筑模过程）、Neubildung（新的筑模）和 Urbildung（原始筑模）等概念。在人的经验和观念运演中，观念筑模是特定思想构境的直接前提，它是康德"先天综合判断"的逻辑本质。

塑形（shaping）是我于 2009 年在汉语学界独立提出的概念。在马克思晚期的经济学-哲学语境中，它表征了"人类劳动活动为我性地改变物性对象存在形式的生产和再生产过程。物质是不能创造的，劳动生产却不断地改变物质存在的社会历史形式。**人的劳动在**

生产中并不创造物质本身，而是使自然物获得某种为我性（一定的社会历史需要）的社会存在形式"。主观意识中的塑形，通常会出在经验统合与理论话语的外部形态构成中。

我-它自反性，是我在对异化批判构式思考后做出的重要概括。实际上，这是对西方异化思想缘起中费希特和黑格尔哲学先在探索的重构。其中的"我"（费希特的"自我"和黑格尔的绝对理念主体性）系异化逻辑设置中的主体格位，即理想化价值悬设中的应该本有的本真性规定，而"它"（费希特的"非我"与黑格尔的观念外化和沉沦于对象物）则是由"我"创造出来的非主体他性存在状态和自在客体力量。当这种被创造出来的客体力量反过来奴役和支配主体的时候，则构成特殊的自反性异化状态。在费尔巴哈的人本主义异化史观构境中，则成了人的本真性类本质颠倒为上帝的我-它自反性异化。而 1844 年时的青年马克思，则是将人本主义异化史观中主体格位中的类本质替换为价值悬设中的劳动。在中晚期经济学研究中，当马克思遭遇资本主义复杂的经济关系体系时，他再一次重新启用了历史唯物主义基础上的劳动异化构式，但这里的我-它自反性不再是一种逻辑设定和演进，而是资产阶级经济关系的现实颠倒和自反。

在马克思中晚期写下的《1857—1858 年经济学手稿》中，马克思第一次区分了**客观发生**的人与人的社会关系（直接的劳动交换关系）**事物化（Versachlichung）**和**颠倒（Verkehrung）**为资本主义经济活动中商品经济货币与其他商品（事物与事物）的此-彼错位构序关系，以及这种颠倒的事物化关系本身在市场直观中所呈现出来的一种仿佛与人无关的物相（物理的自然属性）之主观错认塑形，后者，则是马克思区别于客观事物化的**物化**（*Verdinglichung*）**主观错认论**。

如果说列宁讲，不读懂黑格尔的《逻辑学》，就无法理解马克思的《资本论》，那么，不读懂黑格尔的《精神现象学》，可能就无法真正参透马克思的《1844年经济学哲学手稿》，甚至后来的《1857—1858年经济学手稿》和《1861—1863年经济学手稿》的深层思想构境。在这个意义上，黑格尔的辩证法可能会是马克思终身的精神他者。

我会将马克思历史唯物主义社会关系场境存在论中的劳动生产**物相化理论**，与认识论视域中的**物象批判**构境区别开来。而对于物**象**批判理论背后的存在论构境基础，则会更精细地将其区分为双重**此-彼归基**关系中的方法论赋形：**广义历史唯物主义客体向度中第一层级物相化过程，以及拒斥实体主义一般现成物象误**

认；狭义历史唯物主义主体向度中第二层级经济物相化过程，以及透视经济物象伪境两个思想构境层面。

此-彼归基，是我对黑格尔、马克思哲学所特有的通过现象发现本质的现象学构境中物象透视法的概括。在黑格尔的《精神现象学》中，他总是让我们意识到感性直观中遭遇的统觉物象之此，只是自我意识背后理念之彼的统摄结果，而整个自在自然和社会历史过程之此，也不过是本质之彼中绝对理念物相化和沉沦于物性存在表象，最终，理性的狡计会自我认识和扬弃这种异己性存在状态，归基于绝对精神。这当然是唯心主义构境中本体论和认识论中的此-彼归基论。青年马克思在《1844年经济学哲学手稿》中，虽然已经站在哲学唯物主义的立场上，但当他将劳动异化的扬弃，设定为复归于本真性类本质的价值悬设时，他仍然没有摆脱隐性唯心主义现象学构境中的此-彼归基论。马克思在《关于费尔巴哈的提纲》中，以实践唯物主义的透视法，分别从物性对象的现成性之此，归基于从主体出发的实践活动，从人的孤立实存物象之此，归基于"社会关系总和"之彼。而历史唯物主义的方法论之核心，就是双重物相化透视中的此–彼归基：一是在广义历史唯物主义中，从一般物相化之此的感性实在现成性，归基于物质生产与再生产活动，将现实的个人生活归基于人对自然的关系和人与人的主体际关系；二是在狭义历史唯物主义构境中，从经济物相化之此中的商品、货币和资本关系的经济物象辩证法运动，归基于经济定在遮蔽起来的劳动辩证法。这也是一种科学的劳动现象学批判话语。

社会负熵（social negentropy）是我提出的历史唯物主义新概念。在已有的自然科学观念中，熵是无序，负熵则是指物质系统有序化、组织化、复杂化状态的一种量度。薛定谔在 1944 年发表的《生命是什么？》一书中，提出了生命的本质是负熵的观点。我认为，古典经济学的社会唯物主义观念，已经基于工业生产创制出来的不同于自然负熵的社会负熵，而马克思恩格斯第一次在《德意志意识形态》一书中，以一定历史条件下的物质生产与再生产对社会定在和社会生活的有序化和组织化作用，奠定了社会定在的本质是生产力历史构序的一般**社会历史负熵质**。之后，马克思又在自己中晚期的经济学研究中，发现了商品-市场经济构式特有信息编码中的经济构式负熵质，这种经济构式负熵中的有序化和组织化，恰恰是以经济无序和返熵的自发性来实现的。社会历史负熵是人的观念负熵的现实基础。

广义历史唯物主义中场境关系存在论和关系意识论赋形第一层级非物象透视。当然，这种**物不是它自身的**

透视，不是要否认对象性物质实体的客观存在，而是对直观对象的一般物象中**不在场的在场性**的捕捉。这主要指从周围世界中作为农业-工业生产物相化结果的现成性到场对象之此，复归于使之获得一般社会历史负熵质在场性的有目的的**实践**整合活动之彼。当**生产**活动成为我们面对社会定在的"本质直观"时，它相当于海德格尔从存在者回到存在的"存在论差异"；同时也会关注**主体物相化**和**社会物相化**过程中，社会关系赋形人与物的特定场境存在的突现负熵质性，它相当于海德格尔那里此在去在世，且依上手的用在性关涉链接和"环顾"而成的世界。

在狭义历史唯物主义构境中，马克思在客体向度中对社会发展高级阶段物质生产与科技革命的全新场境关系的此-彼归基关系的关注，使创造商品使用价值的一般物质生产过程中的劳动辩证法突显出来。并且，他创立了历史现象学赋形中特有的**此-彼错位**关系中的物象透视，针对了特定的经济的社会赋形中出现的经济物相化现象。在我看来，经济物相化的本质是**反向物相化**。不同于一般物相化中劳动爱多斯塑形和构序对象，对经济物相化空间中到场的经济事物**不是它自身**的透视，是指在盲目追逐一般财富（金钱）的经济返熵过程中自发整合和构序生成的经济构式负熵。这一特定的社会历史负熵进程中所产生的商品-市场经济关系，在自发的**多重事物化（I-VI）颠倒中反向物相化为商品、货币和资本等经济事物的**到场-物化误认：这分别表现为价值关系颠倒式地反向物相化为流通领域的直观实在（商品、货币），资本关系反向物相化为生产过程中的物（原料、机器和厂房等），资本和雇佣劳动关系反向物相化为人格化的资本家、工人的伪主体到场和经济被抛性，以及在剩余价值形式上的反向物相化为分配关系中的利润、利息、地租和税收等。在这里，主体物相化和社会物相化过程都发生了复杂的颠倒性关系畸变。这也会是更难加以辨识的**多重不在场的在场性隐匿后的经济拜物教意识形态的缘起**。

人面向物质存在和自身存在形式改变的生产劳动活动，不仅仅是改变对象的**制作**活动，依古希腊的哲学逻辑，物质生产活动的本质是人根据先在的意图（eidos，爱多斯——相）创制（poiesis）对象的**劳动物相化**过程。

在人创制对象的过程中，他历史地实现自身的**主体物相化**——起立行走、日益精巧起来的双手和不断扩容起来的大脑中枢系统。对象与人在物相化过程中的物性改变，在于对象与人新获得的用在性和主体能力。随着劳动物相化中实践功能度的提高，人也会创造出不同**历史时间质性**的社会共同体组织，创制出日益复杂的**社会物相化**场境。社会物相化并非物性的实际改变，而是**不可直观的关系场境赋形**，这也就是马克思恩格斯所说的我们"周围的世界"（umgebende Welt），它的本质是异质于物理空间的**突现性社会空间**。

最初发生在人对物的能动关系中的对象性**物相化**环节，是让自然物失去和获得可见**外部形相的塑形 / 失形**（*shaping / disfiguring*），人的周围世界中在场的对象物和个人主体的最初改变都是这种内嵌着主体目的（telos）活动的对象化结果。然而，在农耕劳作、手工艺和工业劳动之间，人的劳动塑形会从简单的自然存在失形转换到人对物质存在形式的物相重塑。

主体性的爱多斯也给予被创制对象一种不可见的内在有序性或**功能整合之相（内相）**，这是人在生产和社会活动中通过特定历史条件下对物性实在和社会定在的组织化的生产**构序 / 祛序**（*ordering / disordering*），由此消除自然物质存在中的熵化，人的社会生活的本质是超出生命负熵的特定的**社会历史负熵**。不同于自然生命负熵是肌体和器官的直接物质机能，社会历史负熵的本质在于人与物**入序**于社会生活中发生的历史性的功能性用在场境。

入序，指人或事物被内嵌于一种已经构序起来的有序性的关系场境之中。人入序于特定的社会制度，比如马克思说，黑人只是在奴隶制度下才成为奴隶；一个事物入序于我们周围世界构式功能链中，比如镰刀在农业生产中的特定用在性。

人对自然关系和主体际交往关系的历史结合中的**赋形 / 脱形**（*formating / deformating*），是给予生活中事物和人的生活特定的第二层级的社会关系负熵质和有序装置。它包括了狭义的劳作**生产关系**赋形和复杂社会交往关系场境的社会物相化历史进程。当人的爱多斯物相化到人与对象物关系之中时，会同时历史性地突现出事物（相）与事物（相）之间的效用关系链，以及事物入序于人的主体际关系场境中的**功能位置**的物相化关联，这是我们特有的**周围世界**（umgebende Welt）的突现场境空间缘起。

人与被塑形-构序物在一定的主体际功效关系场中的多重信息编码，必然铸就的关系整合（"关系总和"）中的功能链，即系统化**构式 / 解构**（*configurating / deconstruction*），**构式是总体化的赋形**。同时，这种特定的信息编码必然生成规制一定历史条件下工具和用具系统、被物相化事物、个人与主体际群体生存的第三层级的社会构式负熵质，它也成为一定历史时间中的**社会历史先验**构架，其上会有历史性的先天综合观念构架（传统农耕文明中的自然经验构架与工业-商品交换关系场境中生成先天综合理性构架的现实基础是完全异质的）。

社会历史先验（socio-historical a priori）也是我提出的历史唯物主义新概念。它表征了马克思多次指认的每一代人所遭遇的决定了一个特定时代人们生活和观念的客观社会历史前提。这种先验于个体活动和认知的关系性构架，是由一定社会关系场境中的生产方式质性规制的。在经济的社会赋形中，特别是资本主义商品-市场经济构式中，社会历史先验构架畸变成颠倒的金钱构架，其本质是人与人的劳动交换关系事物化颠倒的商品-货币-资本的劳动异化关系。

在人的社会实践以及个人行为活动中功能性地建构

和解构的日常生活和社会定在结构性总体**筑模／消模**（*modeling／dismode*），显现为特定历史时间中的不同**生产方式**对生活方式的规制，以及生成作为社会生活**负熵**总体（一般社会历史负熵、关系场境负熵与社会构式负熵）的社会关系突现（Emergence）**场境／散场**（*gestalt／degestalt*）存在。这是劳动创制方式、物相化工艺和科技对象化关系场境存在的历史整合，即历史性的人类社会实践总体的历史性场境存在，也是特定历史时间中呈现的**我们周围的生活世界**。这个世界，显然不是物性实体堆砌的总和，而是不在场的在场性关系场境之突现总体。

马克思的关系意识论，主要是指人的全部意识都是由社会定在决定的，意识的本质不是对外部感性对象的直映，而是特定历史条件下人对外部世界能动关系和主体际关系赋形生成的精神关系负熵的复杂场境突现（Emergence）——**构境 / 破境**（*situating / desituating*）。这也是我们与周围世界关系之上突现出来的具有**历史时间质性**的精神世界场境。

惯性实践为我在 1991 年提出的概念。当时我的观点为：惯性实践也是一个社会中存在的惯性行为系统，它是"一定社会实践功能结构制约下的社会稳定自运转行为系统，它是**社会行为一般发生的隐性制约构架**。惯性行为系统通常由社会实践动态格局中的构序性功能度的结构性**潜化**逐步形成，而潜化则是**向某种习惯性感性行为的无意识回复**，它使实践格局有效地消融泛化在人们的社会行为中，从而成为一种无意识的先导性行为制约结构"。那时，我的构境焦点集中于日常生活和社会"常规"运转的质性，以及这种惯性行为筑模隐性文化心态圈的现实基础。现在我的新看法为，从整个社会历史发展全程看，农耕自然经济中的种植业和牲畜业生产的本质，基本上会是长期维持于重复和循环式的惯性实践之中，并且，农业生产对外部自然环境的改变，在实践功能度上是依附于自然负熵进化的。后来的工业生产进程，才第一次彻底打破自然经济惯性实践的循环和重复，呈现出不断自主创新的革命的势态，实现了马克思所说的"改变世界"的创造性物质实践活动。

往往一个学科的思想革命的实质性起步，都会是某种不同学科之间的异域话语挪移。

在欧洲近代思想史上，人们对由资产阶级创立的全新资本主义制度的认识，有一个**从社会政治关系构式到经济构式转换的不同话语格式塔**。在同一个 civil society（bürgerliche Gesellschaft）（市民社会）的概念的历史性话语转换中，有从政治共同体的**市民社会**

话语Ⅰ到资产阶级经济关系体的**市民社会话语Ⅱ**，再到被批判性超越的自在**市民社会话语Ⅲ**的两个重要的话语脱形和转换的历史性节点。

在以农业生产-血亲（生命负熵）关系为基础的传统社会中，人们的社会生活是可见的刚性宗法关系构式，劳动产品是**非塑形的**对象性自然产物（"自然财富"），因为在种植业和畜牧业的长期循环和重复的惯性实践中，人的有限劳作虽然也有着自己的主体目的（telos），但并不能根本改变自然物质存在的"自然辩证法"构序和原生形式。古希腊哲人所指认的爱多斯物相化于对象之中的创制（poiesis）活动，仅仅会出现于工具和生活用具的手工艺劳作之中。

在商品-市场经济的金钱-资本关系**场境存在**中，创造性实践中的工业劳动物相化塑形和构序了自然物质存在全新的外-内相方式，脱形于自然的财富形式则在进一步的经济物相化进程中转化为非实在的"社会财富"（商品与货币），可见的经济活动背后却隐匿着看不见的事物的关系赋形和自发整合（integration）生成的客观法则（价值规律）。

在手工艺劳作基础上逐步发展起来的新型工业生产中，工人的劳动活动将**直接塑形物质的存在**，创造性实践的工业生产开始成为新的物质存在基础的**构序和信息编码动因**。由此开启了真正的人改变世界的进程，**"自然辩证法"开始融入主体性的历史辩证法**。这也意味着，劳动活动开始成为改变自然物质存在方式的完全 eidos（爱多斯之相）物相化力量，工业生产的结果是**深嵌着劳动活动和关系场境的**。这是一种极其深刻的**劳动辩证法**，也是今天我们看到的周围生活世界（社会空间）的在场性本质。

在认识论筑模层面，不同于农耕生产之上自然经济活动中人与外部自然世界的二元对置，认知主体与外部客体对象的边界被工业生产消解了，锁定在土地的血亲（生命负熵）关系基础上凝固化的先天宗法关系被打碎，我们开始认知自己主体 telos（目的）创造的全新社会负熵世界的辩证运动。

在工业生产基础上出现的资产阶级商品-市场经济中，财富的增加超出了个人的直接需要，满足生活需要物品效用性生产的 telos（目的），开始转向追逐"交换价值"关系场境中"值多少"的抽象财富，这使得物质生产过程本身成为无限疯狂的商品激增。人所主导的直接塑形和构序产品用在性的信息编码和负熵努力，却在现实商品价值（经济财富爱多斯）的交换市场的经济构式负熵总体上，成为**经济熵增**的无序解码因子。商品在市场中的到场，不再是主体性 telos（目的）的人为构序结果，而是盲目偶然性自发生成内在法则的非主体性消极辩证法运动。整个商品生产-市场交换运动中出现的从无相无序状态到非人格信息编码的自组织整合（integration），被斯密视作不在场"看不见的手"的无形操控。这是新的**经济物相化先天综合构架**的现实基础，这里特殊社会物相化中的"相"恰恰是**反主体爱多斯**的，因为社会物相化的本质是社会关系场境的赋形，而在市场交换中生成的经济物相化过程中，却呈现为人与人的关系失形和祛序，颠倒为经济事物之间的关系，其结果必然是不同形式的经济物象图景中的财富拜物教。

在认识论上，处于社会唯物主义构境中的斯密已经透视了经济无序运动中非直观的辩证法则，而黑格尔对其的超越则创造了**批判认识论**的前奏。这就构成了区别于一般物相化透视的**经济物象证伪逻辑**。这种对**第**

二层级经济物相化图景的精神现象学批判，是以回到先验观念构架的"理性的狡计"（精神信息编码和观念负熵）为代价的。

在主体性创制的市民社会经济生活中，出现了与自然界盲目运动相类似的**似自然性**（*quasi-natürliche*）现象，黑格尔将其指认为在不是自然的社会生活中以否定性形式出现的**"第二自然"**（*Die zweite Natur*）的**他性存在**（*Anderssein*）。

从**盲目无相**的商品生产中的祛序，到市场交换返熵运动中自发整合（integration）的**被动构序和编码**的发生。**无相性**是指在商品-市场经济整体上 eidos（爱多斯）蓝图的社会物相化（关系构序）的不在场。这是一种偶然与必然关系中的经济事物自发运动的**消极辩证法**。也是在这个特定的话语赋形中，我将这种出现在"第二自然"中的经济事物运动的辩证法筑模命名为**第二自然辩证法。**

黑格尔的神秘的理念逻各斯（logos），恰恰是在"个人热情"盲目无相地追逐财富活动中实现自身的爱多斯蓝图的。在黑格尔这里，人本身的主体物相化表现为观念爱多斯的道成肉身，到场个人的逐利"热情"并不是主体物相化的实现，而只是在少数"马背上的绝对精神"（拿破仑）和绝对观念哲学（黑格尔自己）之类的英雄个人那里，观念物相化的历史辩证法才成为人的**主体在场性**的物相化本质。这也意味着，拿破仑一类重要历史人物并不是他自己，而不过是绝对理念关系的人格化。在很久之后，马克思在经济学语境中指认资本家不是"人"，而是资本关系的人格化。

从存在论的历史参照上看，原先血亲（生命负熵）关系赋形中的先验宗法性是直接属人性的，王子天生是王子，贫民天生是贫民。市民社会中的人则已经不再具有直接的属人性，而是特定的经济-政治活动中突现出来社会关系赋形的复杂场境存在。甚至，区别于自然经济中的非物相化的自然物（Ding），工业时代和商品市场经济世界中的一般物相化中的"事物"，也开始成为自然失形和社会关系质赋形后的经济物相化中的经济**事物**（Sache）。

此在新型的**经济被抛性**。这种人的被抛性的本质，不同于宗法关系场境中天定的动物性依存，而是在劳动生产物相化创制之后由交换市场塑形和构序起来的人的非自主状态，即"看不见的手"经济编码和支配下的个人到场的外部制约场境关系。然而，海德格尔恰恰没能进入这一更复杂的经济关系世界。

每个个人之间，原先在传统社会中的直接在场的血亲（生命负熵）关系赋形，直接脱形和转换为金钱（经济构式负熵）关系赋形。他们的在场只有通过市场中物与物的交换才能发生间接的社会联系，也只有在一只无相无形的"看不见的手"支配下的市场的商品流通之中，对象化在产品中的各种劳动的抽象的价值关系才能得以比较和实现。

从一般认识论的层面看，斯密的"看不见的手"恰恰是**反认识论**的。因为，所有处于盲目熵增的市场经济过程"第二自然辩证法"运动中的人，都只能在第二层级经济物相化图景中面对自己虚假的欲望和谋利热情，在市民社会的直观经济现象中，他们是无法看到盲目无相的经济构式负熵中的这只看似不在场的无形之手的。这亦表明，自发性整合突现的价值规律是规制非个人主体生存的先验客观机制，是那个曾经消逝的"上帝之眼"。我以为，传统素朴直观中的认识论在此将遭遇逻辑上的滑铁卢。因为，这里发生的特定主观意识构境和认知运行机制，完全是非爱多斯经济物象与社会关系场境颠倒式的乱码呈现构式。这也正是黑格尔理念逻各斯**物象透视**的批判认识论最初的证伪点。

在资产阶级商品生产中，每个原子化的个人都是有具体经济目的的主体，如同斯密《国富论》中的那个自私的面包师。他并不关心他人想干什么，然而，他自己有目的的爱多斯物相化所生产的东西如果不能在市场上卖给他人，他的经济目的就会落空，因此他人购买就成了达到目的的手段。反之亦然，任何一个原子化个人的目的都必然转化为他人实现自己需要的手段。这也意味着，人通过劳动生产物相化所塑形和构序的主体在场性，如果不转换为商品交换市场中的经济物相化到场，它就将失去**出场的资格**。这是主体性的劳动辩证法构序在经济物相化中的隐匿。

当一个被无意识认同的他性镜像被正视时，它在理性目光斜视中意会格式塔的隐性支配魔力就瞬间被祛序和消解了。

在黑格尔的哲学体系中，**精神**已经是一个反思性的概念，因为它是从证伪物相实在的现象学批判中，在意识的自我反思关系里返回到理性的透视结果的。

Vergegenständlichung（对象化）的概念，是马克思取自费尔巴哈的话语。我以为，黑格尔这里使用的**对象性外化**概念与费尔巴哈的**对象化**概念还是有一定的区别的。通常的 Vergegenständlichung 和 Objektivation（客观化），都是指主体性转换为自己的对立物性存在，而黑格尔的对象性外化的含义则是指有明确目的的理念爱多斯（eidos，共相）内化和实现于物性实在在场之中，也就是我所概括的**物相化**。物相化本身就是一个**关系性**的概念。这是古希腊哲学中关于创制（poiesis）对象，以实现爱多斯共相观念的逻各斯线索，在这一点上，黑格尔与柏拉图的理念物相化说是一致的。这一能动的物相化概念，在祛除唯心主义杂质之后，将成为马克思之后历史唯物主义构境中表征物质生产本质的核心范畴，我们在马克思中晚期经济学研究中突显的劳动辩证法那里也会直接遭遇它，并且，也会看到它颠倒和异化为经济物相化的关系伪境。

青年马克思的这个不同于黑格尔第一种唯心主义话语中抽象思维爱多斯的对象化，已经是唯物主义颠倒过来的人的本质的对象化。这是第二种费尔巴哈式的哲学唯物主义本体论和人本主义异化史观双重话语易码的结果，并且，如果再转换到第三种马克思自己的真实想法（劳动异化批判构式 I ）上来，就会再一次易码为工人的劳动潜能（Dynanis）外化为对象性存在的异化。这种现实中的外化和异化是应该被扬弃的，这就走入**劳动辩证法**的构境。

1844 年，青年马克思已经意识到，黑格尔的异化并非可直观中到场的感性物象，而是隐匿在物象背后的最深处，erst durch die Philosophie（只有哲学），特别是认识论中的非物象批判话语才能发现作为本质异化的构序关系。**透过现成到场的在此对象物象发现隐匿在黑暗彼处生成性的在场性本质**，或者说，**捕捉到不在场本质的隐性在场性**的这种认知方式，就**是从现象的背后发现本质的批判认识论**。这是马克思对现象与本质的辩证关系的一次最深透的体悟，这种对不在场的在场性的把握，从思想构境谱系上看，会影响到后来马克思中晚期经济学研究创立的科学的批判认识论构序。

在黑格尔那里，物理空间中的到场物本身是没有关系性世界的，恰是观念物相化使物质对象深植在精神关系编码和塑形起来的普遍关联的辩证法逻辑空间在场之中，可观念在面对这种"异己的陌生的现实"时，竟然"在其中认不出自己"。[1]黑格尔的这种唯心主义的不在场的精神世界（geistige Welt）与物性对象到场"世界"的矛盾对立，如果还原到青年马克思自己的劳动异化批判构式中，则会是工人在"熟知"的货币、资本和地租这样自己创造的异己物到场世界中，认不出自己外化和物相化的劳动力量。这既是现实存在中的异己性伪在场悖反关系，也会是批判认识论所

1　［德］黑格尔：《精神现象学》（下卷），贺麟、王玖兴译，商务印书馆1979年版，第38页。

面对的物象迷雾。

黑格尔的这个 Augenblick（瞬间）概念是重要的，因为它恰恰是观念活动的场境发生本质。这里，我们会看到之后马克思思想谱系中那个劳动活动、实践活动、生产活动，甚至所有关系性场境发生后随即消逝的 Augenblick。历史唯物主义构境中即将出现的双重物相化透视的本质，就在于抓住这个转瞬即逝的 Augenblick 中被遗忘的黑暗彼处。列宁在《伯尔尼笔记》中，非常敏锐地注意到这一点，他说，"运动和瞬间，抓住它。在每一既定的瞬间……抓住这一瞬间"。在一定的意义上，历史唯物主义、历史辩证法和历史认识论的强大透视力，都在于从在此的物性实在物象中抓住社会生活中各种转瞬即逝的活动和 Emergence（突现）关系场境。

Anderssein（他性存在）本身就是一种辩证法逻辑中的批判性透视，即**在不是自己的状态下出场**。它最先出现在黑格尔对自然的定义中。在思想构境谱系中，这一批判性观念，将在之后的历史唯物主义和历史现象学中发挥重要的话语编码作用：直观物不是它自身，而是实践（生产劳动物相化）的 *Anderssein*；货币与资本物不是它自身，而是经济物相化中劳动对象化和异化的 *Anderssein*。

土地属于封建地主，他可以将领地人格化，土地成为自己的"无机的身体"，而农奴就是打上他的专属印戳的奴隶，他的权力和政治地位，仿佛是从土地中生长起来的属于生命负熵的"动物学"（马克思语）的东西。在这里，封建宗法关系与血亲人格是直接同一的。

在四季循环往返的封闭时空中，人们的经验塑形和观念赋形，离不开土地上不变的君君臣臣民民等级关系场境。在东西方的历史上，这种在土地上凝固化的封建宗法关系构式作为一种规制性的社会先验构架，分别以西方圣灵的道成肉身和东方的天子神话构境持续了数千年。

商品交换关系普遍赋形的基础是工业生产取代农耕劳作，在手工艺劳作基础上逐步发展起来的工业生产中，劳动辩证法第一次彻底改变自然物质的存在方式。在人对自然的能动关系中，人的主体性爱多斯也真正成为塑形（外相）和构序（内相）对象的物相化过程，这使得**用在性的物相存在物**日益增加和富余起来。在思想构境的谱系中，这是进一步社会关系突现场境空间赋形中作为社会物相化结果的我们的"周围世界"（Umwelt），以及愈益繁杂的商品交换关系成为普遍社会关系经济物相化构式的资本的世界历史空间。

从凝固的血亲关系的脱形向流动性的金钱关系赋形的转换，可能会是马克思进入现代社会生产的场境存在论的真正开始。这当然是他在历史研究和经济学语境中发生的潜移默化作用，这也会是人与物、人与人普遍关联的历史辩证法和关系意识论的全新基础。在此，认知对象会从**非物相化**自然实物上的财富，转变成关系性的用在性（工业劳作爱多斯）物相存在和经济物相化后的社会财富；动物学的生理联结遗存中社会物相化的刚性政治封建等级关系结构（政治-神学构式负熵），转变成经济物相化中不可直观的动态经济关系场境（经济构式负熵）；勾连万物的金钱关系编码的观念构式，将成为支撑人们看到世界的经验塑形和知性统觉赋形的唯一精神构境通道。

工业生产的本质从一开始就是爱多斯彻底改变自然物质原有外部存在形式和内在有序性的一般物相化过程。在人对自然的能动关系上，工业生产第一次实现了创制（poiesis）自然的新的关系场境世界，所有工业产品都是人们有目的（telos）地将特有**爱多斯之相**实现于对象的塑形（外相）和构序（内相）之中，工业生产之后的一切产品都会是非自然性的生产信息编码和物相化的结晶。由此，才历史性地出现了异质于自然界的我们周围的世界（umgebende Welt）和社会空间，从而开辟现代性主体物相化和社会物相化的全新历史辩证法进程。

不同于劳动生产物相化中，人的目的和爱多斯之相成为塑形和构序对象的自觉意图，主体物相化中人的身心发展，在很长一段时间内是劳动生产物相化的自然结果，而一些特定的主体功能物相化（如艺术修养、思辨玄悟、武术和茶道等）的自觉爱多斯实现则是出现在少数人那里的。

处于不同社会历史时期的人们塑形感觉经验的结果却会是不同的，远古时代中的人看到、听到和触碰到的自然图景，与我们今天感知中的现代世界景观会存在巨大的差别，这就说明了人的感官及其经验塑形和编码的社会历史性。而且，同一时代中的人通过五官去感受和认知世界，不同个人主体获得的经验塑形和认知构序结果，也会因社会生活本身的关系赋形的不同信息编码而存在差异。

在莫奈的《睡莲》面前能够直入印象派的突现美术构境，这一切都是在普通感性经验塑形和理性认知之上的日益复杂的感性认知能力、美术解码辨识能力和高深的精神构境，并不是人的生理五官与生俱来的感性经验塑形和构序机能，而是人在不同社会生活质性赋形后逐步生成的主体物相化进程中"主体的、**人的感性的丰富性**"。实际上，这可以是一个无限延伸的感知器官与特定经验塑形统觉整合（integration）的系列，有如今天面对咖啡品味、茶道构境和复杂舞台艺术场境的不同突现场境中的人们。

在资产阶级金钱世界中的粗俗有用性关系场境赋形中，人的所有感觉经验塑形和认知构序，全都围绕着能否变成有用的 Anderessein（他性存在）的财富空间旋转，人的 *gesellschaftliche* Organe（**社会的器官**）畸变为一种被铜臭浸透了的异化了的经验感官和认知构架，康德的"先天综合判断"在此反讽式地成了存在必须通过的**钱眼编码器**。

在《关于费尔巴哈的提纲》中，马克思开启了社会现实中第一层级**非物象的双重透视**：一是将一般物象直观中的熟知对象的**现成性**透视为"正在消逝的东西"（verschwindend darstellt），即在对象背后找到不在场的创造性**主体**活动；二是将物相化对象的**独存性**进一步透视为人的**关系性在场存在**，具体说，也就是人通过劳动爱多斯物相化活动塑形对象，并使之构序成为人的差异性需要的关系性赋形中的新事物。我以为，这一重要的此-彼归基逻辑恰恰是后来海德格尔"存在论差异"的方法论前提。在海德格尔那里，存在者的现成性被归基于被遗忘的存在的创制；此在的独存性被归基于共同在此的世界性。

实践活动与**劳动活动**最大的差别，就在于劳动活动主要是指劳动者主体性的创制活动，而实践活动则更突显主体改变客体的**能动关系**和实现这一改变的**客观物质过程**。

马克思的实践唯物主义，恰恰是要从直观物象塑形中看到**不在场的**物相化的创制活动。这种"本质直观"并非人本学的此–彼归基现象学和批判认识论透视，因为这里并不存在异化关系，而是**从同样是客观存在的对象现成性中直观到消逝的实践物相化活动**。从存在论的意义上说，这是一种从现成对象物到生成性活动的特殊的**此–彼归基关系**。这也是**脱形于现象学**之后实践唯物主义构境中第一层面的此–彼归基关系，因为可见的对象物不是现象，而是现成物象中的"存在者"，实践是让对象物成为自身的创制性活动。

人的本质既不是 *sollen*（**应该**）存在的本真性类本质，也不是直观中以肉体直接到场的个体实在，看起来孤立实存的个人，作为一种**不是它自身**的正在消逝的物象，背后是一种在一定历史时间中的现实的、历史的、具体的复杂社会关系赋形的总和。这里出现的

ensemble（总和）并非量的相加之和，而是**多重社会关系场境赋形的功能链整合**（*integration*），这恰恰是社会关系**构式**（信息编码）的基本构境含义。这直接表征了马克思新世界观中即将出现的复杂**关系场境论**本质，这种以**非实体在场方式**突现的关系场境存在，正是马克思全新普遍关联的历史辩证法构序中的**世界**概念的核心构序点。相对于《关于费尔巴哈的提纲》第一条中从物到活动的此-彼归基关系，这也是第二种脱形于现象学后**从独存式对象性实体到关系场境的此-彼归基存在论**。

历史唯物主义中突现的生产话语，可能并不是传统哲学观念本身的更新或发展，而是一种**来自学术异域的整体话语挪移**。更准确地说，是来自近代西方工业生产进程和社会生活现实的哲学话语抽象和重塑。

农耕文明的农业生产惯性实践所保持的劳动主体与自然对象的二元对置，被工业生产中自然失形和重新构序的人工产品所替代。在认识论尺度上，工业产品业已是嵌套着主体爱多斯之相创造性塑形和构序的结果，这种为我性事物的编码逻辑会彻底解构二元认知构架，以生成完全不同于农耕时代制约人们观念的惯性经验传统的全新社会历史先验构架。

在认识论构境中，人的劳动主体构序作为社会负熵源现在转化为大机器生产中的客观工序，这是从主体性 ordre（构序）向机器的客体 procédés（程序）的转换，一种**客观技术抽象基础之上的先验工艺构架**。社会负熵的根本性构序直接转化为科学–技术非及物构序和信息编码，由此再对象化于物质生产过程，这就是全新的**科技物相化**过程。科技物相化已经不是体力劳动者主体爱多斯的直接实现，而是科技人员纯粹爱多斯创制的间接实现，这是一般物相化活动的最高形式。同时，这也将成为制约个体认知先天观念综合构架的关键性因素。因为，科学技术将第一次在认识论上突破人的感性经验塑形和构序，人们通过科学技术实验和研究所看到、听到和触碰到的世界显象，已经不再是过去人直接通过感觉器官获得的统觉的知性现象，之后高倍电子显微镜、粒子加速器和射电望远镜的出现，则会进一步突显人的五官感知范围之外的微观和宏观世界图景。

畜牧业中家禽的繁殖和农业生产中庄稼的生长，都是可见的非物相化自然物质构序和生命负熵生产过程，而在资产阶级社会中的工业生产中，人通过劳动分工和利用机器系统改变对象的物相化能力，业已成为最大的社会负熵生产力。这种以科技物相化为基础的工业生产力是人的劳动活动、机器的**物相化技术塑形能**

力和**非及物**科学构序本身建构的一个复杂的综合水平。

在机器化大生产中，原来劳动者在分工中被确定的那种直接塑形原料的特定的**主体性操作手艺**，现在已经过**工艺学的现实抽象**，经过科技编码，直接变成了机器运作中的一道外在于劳动主体活动的**客观工序**。机器工序，已经是脱离了主体性劳动构序的**客观工艺抽象**之上科学技术非及物编码和构序的重新对象化。

原先从自然物理空间（土地）挪移到作为社会物相化空间的"同一个建筑"（厂房）的转换，现在进一步升级为**空间压缩物**的机器客观工序。从哲学上看，海德格尔那种通过直接上手的主体性功能链环顾，现在转换为科技操作中**非及物的上脑–上手性塑形和构序**，并物相化为机器本身的客体性编码工序（操作链）。当机器到场时，能动劳作的人似乎是不在场的，或者说，人的在场通过了科技物相化的中介。

劳动分工条件下，碎片式的劳动所生成的社会历史先验，与大机器生产时代的科学技术本身的工具理性构架，会产生完全不同的认知主体和认知功能度，因为机器化生产中处于去技能化和均质化劳动中的工人，已经基本丧失了原先在劳作中获得的实践功能度。他们已经不再是具有认知功能度的在场性主体，认知功能度的主要功能业已转移和对应于非及物的技术实验和科学研究构序的全新实践功能度之中。这将是认识思想史中的一个主体性的断裂。

生产方式从来不是一个离开人的生命活动的外部构架，它就是在人们主体性爱多斯物相化（劳动塑形、构序和关系场境赋形、构式）中，由"怎样表现自己的生活"的活动方式**筑模**（*modeling*）而成。筑模不是一个直接到场的物性实在，而是一个功能性的、正在发生的隐性动态活动构式。马克思后来在自己的经济学文本中多用 Bildung（筑模）一词来表征生产方式的功能性动态存在。在一定的意义上，生产方式就是**生产辩证法的功能性本体**。其中，一定历史条件下生产力与交往关系的矛盾，构成了这种"**绝对不安**"（*absolute Unruhe*）的辩证法的本质。

通过物质生产与再生产中的劳动塑形和构序，部分或根本改变物相化自然对象以获得 for us（为我性）的**一般用在性编码中生成的社会历史负熵质**，这本身就是人与自然能动关系场境中的社会历史负熵进程的起点，这是狭义的怎样生产的劳作（工艺）方式。

与一般劳动生产物相化不同，社会物相化并不是直接改变自然物质对象的劳动塑形和构序。社会物相化本身只是功能性发生的社会关系赋形和编码场境，它是将人的主体爱多斯之相，通过事物与人的历史性的社会关系场境赋形实现出来，是社会生活功能性编码中的**突现社会空间场境**。

历史唯物主义构境这种科学方法论完全是基于**非实体性**的人的物相化塑形活动、**非直观**的人与自然的被塑形物在一定的功效关系场中的构序（劳动生产创造的一般社会历史负熵）、**物相化活动的不断建构和消逝**的人与人之间的交往关系系统化**赋形**和**社会编码构式**（第二、三层级社会历史负熵中的场境存在），以及这些活动和关系功能链中的**历史时间性的**动态筑模方式之上的。这应该是马克思恩格斯创立的历史唯物主义构境中全新的**我们周围世界**的突现场境本质。

马克思恩格斯的意识观本身也是**非物象**构境，不是人之外的到场物质对象决定人的观念，而是有历史时间维度的现实生活活动的在场性决定意识，特别是人的这种现实生活中特有的生产物相化和关系场境赋形的社会历史负熵质性，决定了所有意识爱多斯活动的质性和编码呈现形式。

人们的思想活动更是一种随时消解的主观突现情境。当人们停止思考时，思想并不实存于物性的大脑皮层之中，记录在第三持存（文本与贮存器）中的观念信息编码，也只有当人的思想活动被重新激活时，才会重新突现和构境。

广义的生产关系应该再科学地区分为两个构序层：一是在那个人改变自然的物质生产实践中，"怎样生产"的劳作物相化活动的根本性关系，它是建立在一定的生产力功能水平和实践功能度之上的技艺、主体际劳动分工与协作等狭义的生产关系；二是这种历史性生产劳作中的生产关系，再赋形整个人与人交往的社会关系物相化（如经济的社会赋形中的经济关系场境）编码的本质，这种根本性的社会生产关系是一定社会生产方式的本质，由此筑起的生产关系的"总和"（基础）再规制全部上层建筑的场境关系。

人的观念意识的本质绝不仅仅是直观中的物象，也会是对发生即消逝的人的活动和交互关系场境的把握。如同劳动生产过程中工具模板的激活和重构作用，概念与词语也是激活和重构意识活动和逻辑关系的外部持存模板。话语信息编码系统与思想构境本身的重现和创制，取决于概念和词语模板的历史质性。相对于个人生活和认知活动而言，这就是社会历史先验构架之上"先天综合"观念架构的隐秘作用关系。

在自然经济之上的社会生活中，我们主要是观看大自然自在演进的作品，农耕劳动中的劳作者，只不过是这一宏大"自然辩证法"演出中跑龙套的非物相化角色，偶尔，人也会因工具制作和生活用具的生产获得造物者的戏份；而工业生产的物相化塑形和构序，则通过给予自然物质存在以全新的用在性方式，实现了康德所说的"向自然立法"，同时，人逐渐成为社会历史负熵世界的主人。在工业生产之后的历史辩证法史诗剧中，我们已经成为提供爱多斯之相的谋划者，并且也是具体实施这一目的（telos）的劳作者，这是马克思所说的"历史的剧中人物和剧作者"的基本含义。

原先只是在自然经济中出现的农业生产中非物相化的**惯性实践**，现在竟然成了机器化大生产中"祛技能化"工人劳动的基本样式，因为工人劳动中原有的爱多斯实现出来的创制性手艺和有目的的创造性实践，现在变成了没有任何主体创造性的同质性重复机械动作。

在广义历史唯物主义第一层级物象透视之后，劳动活动和交换关系重新发生双重**逆向对象化**的经济物相化。这也是我所指认的**经济物相化空间**中出现的复杂**此－彼错位**关系场境。这种错位的本质，是客观发生的**我-它自反性劳动异化**。这将是马克思遭遇方法论危机之后，在**全新狭义历史唯物主义基础上创立的历史现象学和科学的批判认识论**的历史语境。

过去，我们在历史唯物主义构境中讨论劳动和生产，总是直接从人的爱多斯塑形和构序对象的创造性活动开始，比如木匠制椅或皮匠做鞋，仿佛劳作生产之初就是塑形和构序对象。而马克思在工艺学笔记中面对的所有生产劳动中看到，一切物相化活动的起始步骤都是对劳动对象**本有**存在形式和生命负熵有序性的解码（"粉碎"和"分割"）。因为木匠手中的木料，已经是从山上树林中砍下的树木躯干，而皮匠手中的皮革业已是从动物身上剥得的，这都是自然界那个"自然辩证法"中生命信息编码的负熵进程的中断。所以，在一定的意义上，人类社会发展的历史辩证法运动，恰恰是以"自然辩证法"的祛序和失形为前提的。

这样，从《关于费尔巴哈的提纲》开始的改变世界的实践活动的先行部分，就不再是创造性的塑形和构序，而是失形和祛序；在历史唯物主义和认识论层面上，我们遭遇周围世界中的到场事物，非物象透视的第一环节就不再是劳动物相化塑形和构序，而是同样作为物相化前提性环节的失形和祛序，这可能会是传统认识论普遍丢失的东西。康德不会想到，在自然以一定的方式向我们呈现之前，是人对自然存在塑形和构序的消解。

我们面对的所有劳动对象，都会处于原先自然物质存在或生命负熵进程的联系之中。劳动物相化生产的另一个重要前提，就是解构劳动对象在自然和生命负熵中的**本有**关联，按照人的需求给予物品新的社会历史负熵联系，这就是劳动物相化创造的更深一层**关系赋形**作用。这还是那个作为历史辩证法关系赋形前提的"自然辩证法"系统关联的消解。这是使原来的自然物质构序或者生命负熵返熵后，赋形于物品全新的社会历史负熵（物品直接效用的"使用价值"）的基础要素，**使之入序于人的历史辩证法普遍关联的周围世界之中**。

人的生产并不仅仅是简单的加工和产出，而是有具体目的"何所向"的**物相化活动**，正是在这一点上，才将人的爱多斯之相在劳作生产中的实现与动物结网、筑巢和作茧等自然生命活动彻底区分开来。这也是历史辩证法异质于"自然辩证法"的根本异质性。

工业生产阶段中出现的"怎样生产"的工艺学，已经彻底摆脱了人的双手劳作的"手艺"技能。后来出现的手工纺织机和纺织机器发展的路径，开始时会是对人的手脚在劳动中的功能的模仿。从本质上看，这业已是**手工艺劳动技艺的现实抽象并反向物性模具化**的结果，可是，这种外在于劳动者的机器**客观工序和技术**已经消除了主体性的手艺。

马克思的**多重现实抽象理论**：一是资本主义工场手工业条件下劳动分工所导致的劳动碎片化及现实抽象（Ⅰ）为社会劳动一般；二是劳动者手艺和工序的现实抽象（Ⅱ）并反向对象化为物性工具，进而现实抽象为技术信息编码并反向对象化为机器系统；三是在商品流通领域，劳动交换关系现实抽象（Ⅲ）为价值关系并反向对象化为货币。

如果说，直接生活资料的物质生产与再生产，使人的主体在生存客观基础上超拔于动物，从而实现主体物相化，那么，真正使人成为历史时间中的社会定在的主要方面，恰恰是人拥有了动物到场所没有的**社会场境关系的新型负熵存在**。这是与上述生产物相化直接改变对象存在方式和内在有序性不同的社会历史负熵质。马克思在《关于费尔巴哈的提纲》中就指出，现实的个人的**历史性在场**的生存本质是"社会关系的总和"，这是比人的主体物相化更重要的方面，也是不可直观的**社会物相化关系构序和编码**进程。

人的意识并非传统哲学唯物主义那种简单的判断，即

意识直接对应于到场的现成物质对象。意识现象的真正现实基础是人有目的地能动改变外部对象的"劳作的交道"，在这种人的爱多斯之相具体物相化自然物的"劳动的交道"关系赋形和编码之上，才会有更复杂主体际交往的社会历史负熵关系场境，以产生出人特有的感性经验统觉之上的关系性意识生活和精神负熵构境。

我们之所以能在周围世界的感性经验塑形和构序中，直接看到"皮毛""棉花""树木"和"石块"这些对象物，并生成这些相关的词语，绝不是这些主观意识中的概念直接映现了外部直观对象物的客观属性。如同马克思所指认的"可吃性"不是羊的固有属性一样，这些经验统觉和知性概念都不是自然对象物的固有属性之映现。这些"词与物"构序关系的基础，恰恰是在无数次重复发生的"劳作交道"过程中，这些物在生产物相化过程中失形和脱形于自然关联，并获得的满足人的需要（爱多斯）的**用在性关系编码和新的社会历史负熵质**。

物相化（materialisirt）是马克思历史唯物主义构境中重要的哲学概念，它既不同于传统费尔巴哈话语中的对象化（Vergegenständlichung），也不同于后来马克思使用的事物化（Versachlichung）和物化（Verdinglichung）概念。物相化概念区别于生产概念的地方，是它不仅仅表征加工、制作和产出的一般生产特征，而且突出强调人有目的的爱多斯之相，在生产过程中实现为塑形、构序和赋形对象的主体性物相化创制本质。并且，主体性活动在这个物相化过程中的可见塑形和不可见的构序之隐匿，是一般物象迷碍生成中最关键的一步。

在最早的生产劳动中，人的劳动物相化活动会通过大脑中的经验记忆和四肢已有的下意识惯性动作激活和复构起来，而使用工具进行劳动生产，这也是人的社会定在发生和社会历史负熵进程的真正开端，后来的木制工具、石器与金属工具的出现，都是劳动者的脑、手、脚肢体器官的外部持存延伸。工具的本质，起初是对人的肢体劳动功能的模仿，之后，逐步将原先积淀于自身器官中的劳作爱多斯的主体性技能和工序中的信息编码**现实抽象**出来并**反向对象化**于外部持存。具体说，就是将敲打的活动技能和割草的动作编码浇铸在锤子和镰刀等物性实在之中，以便在下一次的劳动过程开始时激活编码和重构**惯性劳作（爱多斯）的在场**。

工具的到场甚至是使劳动活动中社会历史负熵质构序得以重新复活和在场的先导物性前提。作为 Leiter（传导体）工具的物性持存与它在劳动活动中的功能性编码复活，也是一种特殊的存在者与存在的场境突现关系。

整个上层建筑中的社会物相化关系构序政治法律实践的发生与重复，除去观念形态上的法律条文编码和制度，也依存于特定的 Leiter（传导体）的物性设施到场，如每天让有特定目的的政治活动和法律"复活"在场的国家机器中的议会大厦、警察局和监狱设施等。还有阿尔都塞提及的惯性宗教实践中的教堂和礼拜仪式。微观到人的日常生活中，平时我们遭遇的各种上手用具（胡塞尔所说的杯子、我们吃饭的碗盘、我此时正戴着的老花镜、一会儿出门时我要用到的"鞋拔子"等等），也都是生活中惯性行为重构的物性模板。而人们的意识活动发生，除去先验观念构架对个人经验直观和理性认知发生座架之外，过去记载文字的木简、书本，以及今天的电脑和智能手机，都是让意识编码活动重新激活和复构的场境突现的中介式到场的物性持存工具。

自然生命负熵质与社会历史负熵质的异质性：自然生命负熵质往往是一个肌体器官或系统的直接物质属性，动物或者人的生理新陈代谢和每天的生命活动是自然生命负熵质的存在基础；而社会历史负熵质作为一种劳动物相化的功能性用在性，并非劳动产品或社会创制物的直接物质属性，社会历史负熵质不仅夜间"不在场"，并且，如果它们不再得到日常生活或社会交往的场境使用，这种特定的社会历史负熵质也是不存在的。这似乎是难以理解的。我们可以想一下自己家中可能还没有处理的 BB 机、VCD 机和胶片照相机，它们虽然仍然还是特定劳动物相化的物品，但完全失去了自身的社会历史负熵质。同理，还有那些在社会生活中已经不再发生规制作用的传统、法律和制度：罗马的角斗场残遗尚在，可奴隶关系场境早已作古；伦敦的威斯敏斯特大教堂仍然实存，可它已经从现实的神性权力退化为文化符码；记载 1901 年清政府与西方列强签订的不平等《辛丑条约》的文书仍然存在，但那种中国人屈辱的历史场境早已一去不复返。有一点相似之处，即它们像人类进化中退化不见的毛发和尾巴，只是，它们的退化不是物性持存的消逝，而是用在性社会历史负熵质本身编码系统的变迁。

在工场手工业劳动中，工具仍然是工人肢体器官在劳动过程中的外部延伸。工具作为劳动活动的中介，进而分有劳动者有目的的物相化功能中的爱多斯"灵魂"，而机器本身就是有"灵魂"的"能工巧匠"，并且这个"灵魂"不再来自工人当下劳动物相化技能的在场主体性经验赋形，而是来自不在场的非及物科学技术信息编码实验与学术研究。特别是当机器发展到自动机器体系的时候，它直接将劳动过程转换为人之外的幽灵般机器自动生产过程。

社会生活的失形、祛序和脱形，显然不同于处于劳动生产过程中自然物本有"自然辩证法"关联的简单暴力解构。现实个人的**历史脱形**是指人从旧有社会生产关系和生产方式中摆脱出来，而个人的**社会生活失形和祛序**则是指具体主体物相化生存形态的改变，有如西方中世纪贵族的假发和长袍向西装便服的转换，中国男子剪除长辫、女子放开裹脚等生活形态的改变。重要的是，如同自然物的失形、祛序和脱形是劳动生产塑形和构序的前提，在社会生活的转变中，旧式的生产关系的历史解构、脱形和社会失形、祛序，也是之后现实个人新的生存塑形、构序和社会关系赋形的前提。只是，不同生产方式的转换（筑模与消模，modeling／dismodeling）是由物质生产进程推动的，而社会物相化中生产关系的脱形和再赋形则会通过社会革命的暴力，由此再生成个人主体物相化生存方式的失形、祛序和再塑形、再构序。

一切社会生活中非实体性的现实社会形式，作为社会物相化的历史结果，都不会以一种**单一性质**的社会定在在场，任何具体的社会生活都有可能是不同质性生活场境复杂交织构序而成的。这亦表明，人的真实历史在场性有可能是**多重异质性在场复合交织**的，其中，在社会定在的基础前提下，完全有可能出现一个特定时期中的社会定在同时包含不同性质物质生产构序活动和场境关系赋形的状况。这是对历史辩证法运动内部复杂矛盾结构的揭示。

一个特定历史断面上的社会生活中，有可能同时存在完全不同的生活关系中的现实个人，有如残余贵族、新兴资产阶级和无产阶级革命者的不同生活情境，甚至还有殖民地人民的新型奴隶的悲惨生活。从认识论的层面看，同一个社会情境中不同个人主体所背负的差异性认知构架，也会让他们看到完全不一样的世界图景。这也会是对康德先天综合判断命题非历史性的证伪。

人的本质，在其历史在场的现实性上是一切社会关系赋形的总和，社会则更是人与人之间的 Summe der Beziehungen, Verhältnisse（联系和关系的总和）建构起来的更大尺度中的社会物相化关系场境生活，所有人都因一定的社会关系场境赋形才成为特定社会定在中存在的现实的个人。一个人成为皮鞭下的奴隶还是自由的公民，这是由他所遭遇的特定历史质性的社会物相化关系场境总体性赋形和编码而成的。在美国南北战争期间，我们会看到南方那些被认定为"天生的"黑人奴隶，一旦入序于北方的社会关系场境赋形，则立刻脱形和转换为自由人。

在资本创造的交换关系之下，不再有过去传统社会编码中呈现的高贵的艺术、技艺的韵味和神圣的 Für-sichselbst-Berechtigtes（自为的合理的东西），事物的**质和价值合理性**都消失在金钱关系粗俗编码的量的世俗化海洋之中。这是一个**诗人必死的时代**，一切存在和在场都表现为致富的手段和工具。

商品的交换价值作为特定场境关系赋形起来的"物的**社会**定在"，这里的 *gesellschaftliche*（**社会**），当然不是劳动者之间在生产过程中形成的主体际关系，也不再是人的直接满足需要的用在性社会历史负熵质，而是在新的资产阶级商品-市场交换关系中生成的历史在场性，即可以"买卖"的**经济构式负熵**场境关系。这是劳动构序和塑形起来的物品获得的交换价值关系赋形和编码这一特殊"社会定在"（商品的经济定在关系）。

商品的历史性确立，在于产品的 Dasein der Dinge für den Menschen（为人的定在）——一般劳动物相化生成的用在性关系向"为财"的 *gesellschaftliche Dasein*（社会定在）——经济物相化生成的可变卖性经济定在关系的转换，在经济学语境中，就是从面向直接需要的使用价值本身的失形向面对财富增殖的 Tauschwert（交换价值）的转换。这种特殊的**物品用在性的失形**，恰是**一般社会历史负熵质向经济构式负熵质转换的起点**。从本质上看，这是人的有目的的劳动爱多斯向追逐更多金钱的经济爱多斯的深刻转换。

这会生成**两种完全不同的辩证法编码（code）和解码（decode）话语系统**。因为，这里特殊的"为财"的**社会**定在，将成为经济物相化中一种经济事物"自我运动"的原始动力基因，之后会在拜金主义和资本对剩余价值的无限追逐中生成一种全新的**经济事物的辩证法**。这种经济事物的辩证法，只是历史辩证法在经济的社会赋形中的特殊变形，从它运动和建立关联的盲目性和自发构序特征上，我们也可以将其指认为"第二自然辩证法"。

失形于一般物相化产品的商品，是经济物相化空间中出现的**第一个经济事物**，这是**经济物相化的初始层面**，也是**历史现象学面对的经济物相化存在论关系场境的第一层面**。可以说，不同于一般物相化透视中出现的此-彼归基关系，此处经济物相化透视中并不是此-彼归基逻辑，而是此-彼错位关系，因为商品存在的神秘质性是无法直接归基于物品的用在性的，它是一种**失形于用在性**的劳动交换关系的现实抽象。这种现实抽象，并非某一个人的主观意图，而是商品交换活动的必然产物，它是历史发生的客观经济关系赋形。这也意味着，我们眼前复杂的商品一类经济事物的辩证法运动，同样是在**不是它自身的** *Anderssein*（**他性存在**）的**神秘方式**中现身的，因为，它不过是劳动辩证法构序的多重客观颠倒。

这里在物品身上发生的经济关系物相化场境赋形，在传统认识论通常的感性经验和一般知性观念中是无法捕捉的。商品的经济物相存在，从交换价值开始就表现为一种新的**不在场的在场性**。

货币就是商品中**劳动交换关系脱形和反向物性结晶的产物**。货币，是经济物相化的"第二自然辩证法"中继商品之后出现的**第二个重要经济事物**，这是**经济物相化的第二层面**，也是**历史现象学所面对的特殊经济物相化存在论此–彼错位关系伪境的第二层面**。应该先说明一下，这里作为货币的物性结晶，同样是不同于劳动物相化真实塑形和构序商品的用在性使用价值的，它仅仅是一种商品交换中现实抽象出来的社会关系场境（作为经济物相化初始层面的"交换价值"），进一步脱形自身且**反向对象化和物性到场**。或者说，这就是**经济物相化编码空间中**出现的第二种经济事物（Sache）。

价值关系不是物，它却通过货币的对象化物性实在表现自己，使之成为一个与商品自身不同的东西。这就是经济物相化关系脱形中出现的**现实价值关系异化**。这是马克思《1857—1858 年经济学手稿》中出现的**第一个异化（异化概念 I）**，这是**流通领域中发生的客**

观的价值关系异化。这种关系场境异化是经济物相化编码和构序的第二层面，也是历史现象学所面对的经济关系场境存在论的第二层面。在此，这种场境关系异化也是此–彼错位关系中的事物化Ⅰ的本质。

应该特别指出，这个《1857—1858年经济学手稿》中出现的异化概念当然已经不是人本主义话语格式塔场境关系中sollen（应该）的价值悬设与Sein（是）的主观的逻辑自反性。劳动交换关系的现实抽象不是本真性的sollen（应该），货币作为异化的价值关系也不是败坏的Sein（是），它们之间的此–彼错位关系场境转换就是经济物相化中的**客观关系场境异化**。可以说，这是马克思在1845年哲学革命之后，第一次在历史唯物主义的基础上重新使用科学的异化概念。这一异化概念，也是历史现象学构境中继现实抽象Ⅲ和事物化之后，第三个重要范畴。

货币从中介性的手段（计算劳动量）变成人们疯狂追逐的目的（财富），这是人们过去面对全部生活直接需要的生存爱多斯的彻底脱形。现在一切人与物的存在，都只有一个爱多斯指向——发财致富。并且，货币从效用性的交换工具成为**支配性的权力**，在现实的经济生活中反过来畸变为统治人的外部力量。在经济物相化存在论的意义上，这将是历史现象学所面对的**第三重此-彼错位关系**，也是最难破解的关系场境转换。当我们跪倒在自己的创造物面前，这就是我-它自反性和敌我性的**货币权力异化的伪境**。相对于前述价值关系的异化，这是马克思在《1857—1858 年经济学手稿》中指认的**第二种异化现象（异化概念Ⅱ）**。

特定的经济 Sache（事物），正是狭义历史唯物主义中"物"的核心范畴。这也是孙伯鍨教授所说的，历史唯物主义中的"物"是最难理解的东西的更深构境层。因为，这个事物是商品、货币和资本一类经济事物，它既不是自然对象物，也不同于广义历史唯物主义在一般物相化透视中，将直观对象物归基于能动实践活动生成的关系场境存在。狭义历史唯物主义和历史现象学所面对的经济物相化迷雾，却是**将关系场境重新遮蔽起来**的经济关系颠倒后生成的经济事物及其伪在场性。科学地界划一般自然物、作为劳动物相化结果的用在性事物与此处马克思指认的经济事物，这当然会是科学的批判认识论的重要任务。

由作为资本的货币购买的劳动原料、厂房和机器等物性对象，已经是在经济物相化空间中再一次自我脱形的结果：物在**不是它们自身 Ding erscheinen**（以物呈现）的**第二种经济事物中的隐性在场——资本关系的不在场的历史在场**。资本关系本身，正是（抽象）劳动活动愈益隐秘的复杂此–彼错位关系脱形、转换和颠倒的**事物化Ⅱ**。

工人创造出来的原料、机器和厂房等物投入生产过程时，表现为与工人无关的"自在之物"的第二自然辩证法运动。**我-它自反性关系中的异化恰恰表现为不是异化，这正是历史现象学透视出的更深一层的经济物相化存在论场境中的异化关系。**也是在这里，一切传统认识论都会在这些可直观的经济事物面前碰得头破血流。

在过去简单的**客体视位**中，我们会将时间线索上后出现的文本看作者更加成熟的思想构序度，此处，就可能判断《政治经济学批判》（第一分册）中Naturdings（自然物）的话语构序会比《1857—1858年经济学手稿》中的Versachlichung（事物化）颠倒关系场境要成熟；而如果转换到文本解读的**主体视位**

上来，则会体知到，马克思在公开阐释自己的经济学成果时，有可能考虑到读者接受程度和传播性限度所做出的**逻辑退让和刻意深度遮蔽**。由此，这里出现的 Naturding，则可能是省略了 Versachlichung 颠倒环节的可直观表达话语。

在《1861—1863 年经济学手稿》中生成的复杂思想实验里，马克思再次深入揭露了资本与雇佣劳动关系中，生产过程的**劳动条件的异化，劳动能力的异化，劳动协作、分工中结合力的异化，机器生产异化和科学技术异化**，以及分配领域中发生的**剩余价值形态的异化**。我以为，这是马克思在历史唯物主义的方法指导下，在经济学中研究资本主义生产方式的客观异化关系问题的全面深入。

这里有一个需要辨识的重要逻辑关系是**事物化-物化**

颠倒与异化的关系问题。在我看来，马克思的事物化-物化理论，一是特指商品流通领域中商品交换背后的劳动交换关系经过现实抽象而生成的价值等价物-货币的事物化（Ⅰ）颠倒和误认，二是特指资本关系事物化（Ⅱ）为生产过程的劳动条件的物性颠倒和误认，三是马克思将揭露的工人技能被现实抽象并转移到机器工序中的事物化（Ⅲ）颠倒，四是剩余价值在利润、地租和利息形式中发生的事物化（Ⅳ）颠倒等。这一批判话语的重心是说明人与人的社会关系事物化颠倒为事物与事物的关系。而劳动异化批判构式的证伪性所指，则是普遍存在于资本主义生产方式中生产、分配和流通等领域的更深一层资本与雇佣劳动关系的**我-它自反性**奴役本质。在一定的意义上，劳动异化关系是经济物相化中事物化颠倒的必然结果，由此，劳动异化也成为事物化颠倒的本质。

sinnlich übersinnliche（可感觉又超感觉）的物（Ding），是难以理解的。可这个物，却是入境于马克思经济拜物教的关键。因为，商品作为具有一定用在性的物品当然是可以直接感觉到的，但作为商品的这个物又是无法直观的经济关系场境。这就再次出现了黑格尔所指认的，**不是它自身**的 verschwindend darstellt（正在消逝的东西）。依我的理解，马克思在经济学研究中提出的经济拜物教中的"物"，是以看起来自在的 sinnlich Ding（可感觉的物）为外观而隐匿起来的社会关系场境。这个 Ding，不是一般物象中现成的直观对象，而是**狭义历史唯物主义中的"物"（经济物象）**。

货币的本质恰恰是劳动交换关系的事物化颠倒，它从人们之间的关系颠倒为统治性的权力。而一旦人们将货币看作财富的代表，并在这种颠倒的经济物相化幻象中发疯般地追逐金钱时，这就是**货币拜物教**，俗称**拜金主义**。

事物化透视构成进入劳动异化关系批判构境的入口，事物化批判理论是对经济的社会赋形历史进程中一种客观的社会关系颠倒的揭露和批判，它构成了资本主义生产方式中劳动异化批判的前提。而科学的劳动异化批判构式是说明由于事物化的关系颠倒，工人的劳动能力、共同活动的结合力与对象化劳动结果（剩余价值本身），成为奴役和支配自己的我-它自反性外部力量，这是对资本主义生产方式奴役本质最重要的科学认识。而经济拜物教批判理论，只是指认资产阶级意识形态中将商品、货币和资本关系的事物化颠倒状态误识为天然物性，以构成主观的物化意识，由此支撑资本主义生产方式的天然性和永恒性的意识形态幻象。

经济拜物教的本质是将经济物相化中的对象化劳动倒置为 Ding（物），人与人的关系颠倒地呈现为经济事物之间关系的事物化物象，这种经济负熵质被直接误认成这些经济定在本身的自然属性，这就是 Verdinglichung（物化）观念的发生。在这个意义上，**物化误认正是整个经济拜物教的本质。**

3

从批判的尺度上看，与马克思关注资本主义的经济政治制度中存在的宏大问题不同，列斐伏尔从一开始就让我们把马克思对资产阶级世界黑暗性的揭露，挪移到自己身边看起来**光亮和熟知的日常生活**中来。他想要讨论资产阶级政治经济统治的微观现实基础，即隐匿在日常生活中的异化。应该说，这是一个了不起的观察视域的重大转换。

马克思没有留心的地方，往往，日常生活是生产关系实现出来的微观构序层面。而且，在当代资本主义社会中，资本对人的控制和奴役，已经从宏观的政治经济关系更多地延伸到日常生活的每一个微细场境层面上来了。这也是列斐伏尔所推动的社会批判理论转向中的核心层面。

日常生活中的异化往往隐匿在我们每天熟悉的并不起眼的小事情之中。相比之马克思原先的劳动异化和经济拜物教，日常生活中的异化往往是**无名的异化**。因为，生活细节中在毛细血管般权力支配下的异化，甚至是无法归类和命名的。

异化出现在个人日常生活的每一个经验塑形细节和存在瞬间之中。当人们在流行音乐现场疯狂地追星时，这是自我心理异化的典型；当我们受到广告制造的欲望控制的时候，这将会是我们的消费异化；当今天人们戴着手指头粗的金项链炫耀自己银行的巨额存款时，这是财富在而我不在的主体异化；等等。当我们

"走进商店"或"处理一个银行票据"时，并非马克思《资本论》中所聚焦的资本与雇佣劳动的商品交换和货币关系异化，而是个人在退出劳动力交换和剩余价值生产过程后，在自己的日常生活中重新遭遇资本关系。表面上看，我们身边日常随处可见的唱歌、吟诗、看报、买东西和存钱这样的"小事情"，似乎是逃离社会体制中的经济和政治关系赋形的，可是，这是资本力量在今天支配全部生活和整个世界的真正构序和用力之处。这正是列斐伏尔小事情异化观的核心，也是那个社会批判理论转向中实质性的重要内容。

在当今资本主义的消费社会中，景观控制了个人的所有选择，看起来自主的购买商品和消费，其实都是被金钱关系殖民后的虚假欲望和动机，所以，这就出现了消费异化的极端败坏状况。资本主义社会中的一切日常生活，看起来开心的消费狂欢背后，实际上是真实需要的 insatisfaction（无法满足）。

如果说，柏格森是时间问题哲学思考中的"路德"，即将时间从外部物质的客观持续性转换为人的生命存在中绵延不断的内在生成性，那么，这里列斐伏尔则是将柏格森的抽象生命绵延时间**社会历史化**了。因为，他正确地看到了农耕时代人的生命绵延时间仍然是依从自然生命负熵进程的——与自然生命节奏共命运的循环时间。这也是因为，人在农业生产活动中并没有根本改变自然负熵的进程，而资产阶级的工业时代，则通过工业生产塑形和构序了物质存在的全新形式和关系场境，由此创造出了一种新型机器化物质生产基础上的**他者式的线性时间**。在这一点上，人创造出来的外部财富堆砌的经济增长"绵延"，取代了人本身自然的内在生命绵延时间。

现在整个社会生活的时间和节奏已经不再仅仅是人的生命绵延，而"反自然"地从属于人的生命之外的资本追逐金钱的疯狂。于是，时间就不再是每个人生命绵延的时间节奏，而异化为外部的财富增长的节奏，**时间就是金钱**！

过去从官僚政治法律构架支配中"溜掉"的日常生活，今天则已经处于官僚制的支配之下。看起来都是平常发生的平淡无奇的小事情，你去酒吧喝酒，在家里追剧，去超市购物，与朋友外出旅游等等，这些都是"大家"在做的事情，可是它们很可能就是资本控制的景观支配消费和休闲时间的无意识编码结果。它们就是极其深刻的社会关系质性的实现，或者叫**平面中的深度**，看似平静如水的无形日常生活中，却涌动着社会矛盾冲突的戏剧性。

家用电器之间没有真实的自然关系，而只是功能性的、相互隔离的消费物关联和编码。当人的自然生命存在中原有的真实需要越来越多地被技术客体链建构起来的虚假需要关系赋形所取代，这当然就是生命本身的异化，这是比消费异化更基础性的异化关系。有如，当今天我们拉窗帘的运作变成了电动按键工序，当人们之间面对面的交流，变成了我们智能手机屏幕上出现的电子表情包时，我们其实已经失去了人的生活本身。

当信徒走进那些哥特式的尖顶式建筑时，彩色的光线自上而下洒下，如海涅在《论浪漫派》中所言，人的肉身如粗俗的长袍扑落在地上，灵魂升向神的天堂。这种神性的关系场境功能，瞬间建构起"我"与上帝的垂直关系。

资本主义社会这种特殊的日常性的本质是消除质性的可操作性的量化，除去马克思已经讨论过的进入交换关系的金钱量化，还包括以各种形式量化编码和重组的人的生活细节，这将导致生活中**一切质性（价值合理性）和意义的解构**。资产阶级的日常生活的日常性，体现着走向死亡的求新瞬间中的资产阶级现代性的时尚逻辑。

因为，在走向金钱关系赋形夷平存在的世俗化进程中，有价值合理性的神性编码和诗性关系场境都被解构和消除了，只剩下平庸重复的日常生活苟生。

资本主义社会日常生活中作为消费动机的欲望本身，是资本通过软性的广告制造出的控制人们的无意识中的虚假需要，由此再盲目跟风消费的"他者欲望"（拉康语）。人们对自己虚假欲望的追逐和满足需要的疯狂消费，表面上看起来是他自己的"成功"和自我实现，在现象层面上呈现为非异化，实质上却是花钱炫富场境中更深的异化。

广告制造的虚假需要并不是一种独立的骗局，而呈现为一个伪需要关联式构序的异化消费的"客体系统"，比如买汽车就一定会买车位，购买相关的保险，并且不得不购买开车必备的汽油等耗材，以及外出行车所需要的用具等。这个由购买汽车所入序的需要系统不是可有可无的，而是 asservir（强迫）性的暴力构序。

广告中出现的形象，通常会是当红的影视明星或体育健将，这在无形之中也布展了一种资产阶级牧领的拜物教式的生活方式。它潜移默化地将人们对生活的目标锚定在炫耀性的消费构境之中，人们会争相模仿广告人物的行为模式和话语。

你不在奴隶主和封建统治者的牢房里，甚至不在被资本家控制的工厂车间里，也不在警察的棍棒下，你就在自己的家中，自由于电视机前、在智能手机前、在时尚杂志前，你在各种专家的科学建议下被关心体贴，在各种妙不可言的商品推荐中，知道如何更好地生活，而实际上，你只能在给定的"更科学"的构序和编码选择中选择，所有消费的行为都隐匿着固定不变的 programme（编程）支配结构。你仍然是资本"微笑的神话"的奴隶。

依列斐伏尔的看法，在资产阶级消费意识形态幻象中，所有人（"我"）都成为无脑的消费者，原先有可能站出来革命的阶级主体消逝了，华丽和诗性构境中的消费意识形态让人们不再去追逐社会解放，一切生活理想都成了获得炫耀性的消费品，这样，消费中 aliénations nouvelles（新的异化）**就取代了传统的劳**

动异化。

所有资本家生产出来的商品，很深的心机都用在了"客体统计学"中精确制造出来的技术性缺陷生成的有限寿命上。你需要不断地换手表、换包、换手机、换电脑、换车、换房，一切东西都在完全可以继续使用的情况下人为地 obsolescence（过时），这正是资产阶级构序伪欲望的策略。

在列斐伏尔看来，棚屋和独栋住宅，看起来都是人居住的建筑实体，然而这里面可居住的"相似性"中却存在着不同的建筑空间句法，体现了人们在生产关系场境中的不同生活存在塑形。生活在独栋住宅中的人们，可以摆脱所有外部生活条件的制约，完全按照自己的意愿自主地取用物性空间条件和编码生活场境，自由地依诗一般的生活情境组织和实现自己的梦想。

其实，这种独栋住宅的取用关系和"诗意的栖居"实为一种**空间意识形态**。

都市不是可见的城市建筑，而是一种城市对乡村的统治关系赋形。我们可以看到的别墅、高速公路和乡村中的超市本身并不是都市，都市是资产阶级通过城市中心对乡村甚至对整个社会生活生成的统治关系网络。

在中世纪，一个城镇的建筑格局通常会是围绕着教堂和城市中心广场建立起来的街道和建筑物延伸，它既象征了神性权力中心，**一切为了上帝**，也发挥着实际的日常生活空间关系赋形中的控制功能。中世纪的教堂的那个物性的尖顶指向天空，既表征与上帝和垂直神性的超拔关系，也布展了上帝之城与世俗宗法权力对农村生活和所有日常生活空间塑形的建构和支配关系。

象征资产阶级政治关系场境的市政厅和直接表现**时间就是金钱**的钟塔，以自由的主体性和线性的经济构序节奏，压制了原先教堂和广场的神性场境，此时，物性的建筑开始体现了资产阶级新的都市化空间塑形理念：城市建筑空间开始成为**自由了的主体之间的平等交往的关系场所**，这是一种全新的解放了的社会空间场境。

不同于古道只是用于行走，也不同于中世纪政治城市中从教堂中心广场延伸出去的街道，表征着神权的布展，今天出现在我们身边的物性街道与街道上的咖啡厅、酒馆、商店和剧院，都不仅仅是直观中的道路和建筑，而是一个人们在其中 rencontre（相遇）的场所。建筑塑形中物性的实在是为这种现代人独有的活动和交融场境服务的，没有这些物性设施构成的特定的交往关系场所，就没有现代性主体表演和各色景观登场的都市生活空间。

依列斐伏尔之见，作为空无和暗箱的城市空间，或者作为盲场的都市问题式，在社会存在关系构境中，根本就不是土地上建设的街道、房屋、广场和公园等物理空间场所或实物，而是一种人与自然、人与人关系构成的新型社会关系场境空间。这种新型的空间塑形的本质，是发生在大地上各种物性建筑和设施中无形的生命"力量和冲突的场"（champs de forces et de conflits）。

纪念碑的物性存在，散发着一种无形的垂直度关系，它通过历史性的关联将日常生活超拔为有意义的关系场境存在。在这个意义上，纪念碑就是一种无形的乌托邦引导。

今天的建筑师要设计一个城市的 CBD（Central Business District，中央商务区），他在图纸（电脑）上按客户要求精心规划和设计的建筑物，对他而言，看起来只是一个中性的复杂技能投射，然而他并没有意识到，这一规划–设计只有一个真实的目的，即资本操控的一线品牌的商品和高端商业服务的展示和销售。这种目标就使建筑设计本身像一个"过滤器"，与这一目的无关的空间功能和"真实"关系场境都被这种刻意的解码和重新编码抹掉了。由此，资本的"社会意图"被遮蔽起来了，这就是资产阶级无脸的**建筑的意识形态**。

依列斐伏尔的观点，看起来，每一个建筑师在自己的设计和绘图中都是在自主性地解码和重新编码，建筑、拱廊和广场构成的城市空间蓝图是按照自己的意图"声音"对象化在图纸上的，然而，他并不知道，所有这一切编码都"不同于他所说的和他相信自己所创造的"。因为，他的建筑设计编码，不过是资本更大的经济编码棋盘中的棋子，建筑师的个人的近侧构序编码，无形中受制于资产阶级金钱逻辑的远程构序编码。这里建筑师的编码、解码和重新编码，不过是在资本主义生产关系空间生产的一个非及物图上操演罢了。

柏格森通过内在生命绵延，将时间从外部客体持续性特性内化为人类社会生活中主体性的时间，而列斐伏尔则是通过人的社会关系生产的空间，将空间从外部客体的广延性特性内化为主体性的关系场境的生产与再生产，也是在这个意义上，我将列斐伏尔称之为**空间理论中的路德**。

列斐伏尔认为，马克思和列宁关于资本主义必然灭亡的观点，不是错了，而恰恰是资产阶级自觉意识到了自身的内在矛盾，他们用以缓解这些矛盾的重要方法，不仅仅是通过人们已经注意到的国家"干预"经济的自主构序方式，并且还通过拓展式的占有空间，通过国家干预和直接生产空间，这个空间不是自然的物理的空间，而是资本主义社会关系的生产与再生产建构起来的全新社会空间场境存在。

在资本主义的都市化实践中，作为第二自然的空间生产表现出极强的**生活自动化编码**特征，人们乘坐地铁和公交车上下班，行走于街道和城市建筑的预设商业空间，穿梭于贯穿世界的公路、铁路和航线上等等，生成一种惯性日常生活模式中对资本关系的隐性自动臣服。这种无形的日常关系场境中发生的自动化奴役机制，正是资本主义新的社会关系再生产的空间生产秘密。

在今天资本主义的生产和经济活动中，已经不再是传统工匠式劳作所追求的不朽性作品，而恰恰是精心预估和设定了有限寿命的产品。产品一经产出，对资本家而言，他最关心的事情是这一产品何时"死亡"，因为这是新产品出场并迅速卖出的重要条件。在我们目前使用的智能手机和电脑中，人为地通过升级造成装置的滞速、通过软件换代造成完全可用的东西成为废品，使人们不断地奔波于购买新产品的虚假换代时尚浪潮中。

在列斐伏尔看来，异化批判就像冲洗相片的**显影剂**（révélateur）那样，会让现实生活中那些被隐匿起来的罪恶显现在光天化日之下。

人们造出物性的建筑物，并非创造一个与人无关的物品，而是创造一种**人存在其中的用在性关系空间**。房屋必有起居，教室必有教学，工厂必有生产，教堂必有礼拜，通过这种人对建筑的使用建构起日常生活的重复，社会关系场境也由此发生持续的空间再生产。

如果在马克思的那个时代，经济物相化关系中作为劳动异化关系在场的商品和货币（资本）是支配社会生活的主人和舵手，那么，技术在今天则篡夺了这一王位。并且，科学技术似乎已经成为一种人之外的 *réalité autonome*（自主的现实），人创造出来的东西不再受自己的支配，反过来成为主人，当然就是异化，但这是全新的**技术异化**。

资产阶级意识形态最大的特点，恰恰是指认自身的**非意识形态性**。

信息（information）的本质正好是对热力学第二定律中无序和熵化的反抗，负熵的本质是构序，从西文的构词来看，information 恰恰是关系性的 formation（赋形）的内在构序方式。这也是带来新的内在有序性赋形的 information 的本质。依薛定谔的定义，负熵也是生命的本质。人类通过生产物相化改变自然、创造全新的生活有序性，是社会历史负熵发生和不断演进的过程。

信息商品的使用价值的确异质于原先马克思指认的一般物性商品，它的使用价值已经不再是工人体力劳动创造的可见物性效用——使用价值 I。信息本身**脱离了物质用在性的纯粹有序性**，已经成为信息商品的使用价值 II，它内嵌着智能劳动者生产信息的具体劳动。当信息商品进入交换关系时，同样抽象出劳动价值关系，只是这种价值关系背后的抽象劳动与源代码创制和信息复制生产的劳作关系要更加复杂一些。由此，信息商品的出现，并没有根本破坏马克思劳动价值论的基础。并且，资本与**智能雇佣劳动**的关系，同样是以资本家无偿占有智能劳动者的剩余价值为前提的，这是马克思的剩余价值理论在当代资本主义生产方式中新的变化。

面对漫溢于日常生活的机械化和自动化生活装置，人们在机器化运转机制和刚性节奏中，也建立了一种对现实社会关系的隐性认同。其实，人们沉浸于追剧和低头于手机，疯狂于玩车和电玩时，必然减少了大街上可能发生的政治异质性。

在任何时代日常生活中，那些看起来并没有政治口号和强迫性禁令的日常话语，在日常生活中所真正起到的支配作用，往往是统治阶级意识形态对日常生活的

"春风化雨般"的渗透。它通过每天随口言说的话语编码和观念构序，巧妙地掩盖起真实存在的压迫性的奴役关系和不平等的权力，在这里，奴役关系的赋形才在日常话语反复维系的永恒不变的人性的面具下变得可以忍受。

广告话语控制的并不是我们自觉的主体意识，而是无意识中并不直接在场的欲望。这种被支配的"自由选择"无形中进入我们的日常言谈之中，今天小王买了什么知名洗发水，明天小李穿了什么名牌衬衫，这种日常话语编码以模仿和攀比关联实现的支配作用，正发生在我们在超市或商场中伸手去拿商品的瞬间。

马克思主义不是教条，而是一种**活的研究方法和思想塑形武器**。

纪念碑通常是空间关系中现实权力布展经过客观抽象反向对象化的固化结果，无形的空间关系表象投射是为了让人们在以后的空间生产中产生惯性的臣服。相对于欧洲多见的人物雕像和凯旋门，中国乡间的家族牌坊和皇宫前刻有云龙纹的华表，同样起着社会关系空间投射的功用。

神话宗教既创造了神性空间表象和想象，也助产了专制的政治空间生产，并且，神性实践和封建专制实践历史地沉淀为巨大的教堂（庙宇）、皇宫和御道等空间用具，它们与下层百姓的茅屋和泥泞小路共生起一个专制社会的空间生产。

工业生产直接将自然空间转换为社会空间存在，因为，"反自然"的工业生产开始直接离开物质的空间存在方式，社会空间生产开始"反自然"地生产自身的关系场境。此时，物性的空间用具从茅屋、皇宫和教堂广场直接转向了城市建筑群落，以及体现商业交换关系生产的商业街道和公路-铁路-航道等。资产阶级强大的构想性的空间表象和表征性的空间想象，开始成为空间生产实践的必然条件。

在工业生产之上的商品-市场经济中，自然财富已经开始让位于社会空间中出现的劳动财富（配第所界划的"社会财富"），其中，具有金刚不坏之身的金钱（抽象的资本关系）空间积累，已经不再仅仅是物理空间中的物性实在。与工业生产同体发展起来的当然还有知识与技术，这都是非自然的空间构序工具，甚至是拷问自然进而控制和支配自然的工具。由此，金钱关系和知识开始成为空间表象和构境的核心空间关系赋形环节。

原来，技能可能会是农民劳作中暗含的熟练技法，也会是工匠劳作经验中"有着艺术外观"的手艺。随着工业生产的进程，劳作中的塑形能力从主体性的行为技法，现实地抽象和转换为从生产中不断被提升出来的生产技术方法。用观念来记录和表述，则是后来以工具理性知识为核心的科学研究，并逐步成为空间生产中场境关系表象和想象的主导性力量。

死人通过雕像对活人的压迫还是会发生的，所以，一个朝代结束时，人们往往会采取推倒政治雕像的方式来重建社会空间结构。

社会空间是指活生生发生于大地上的生活现实，但是，这种现实不是指出现在日常生活中的用具或社会生活中的空间用具一类对象物，而是人的活动"行走"和被生产出来的人的社会活动空间。或者倒过来说，没有人的活动就没有社会空间。

社会空间的本质不是人在其中活动的物理场所，也不是可见的"第二自然"中的建筑、道路等物性对象形式的空间用具。它的建构是"行走"在这些建筑和场所中的人的生存活动的关系构式，是不同社会关系的生产与再生产。

过去封建等级依生物性的出身而定场所（宫殿和大宅），现在则是由金钱占有量来决定生存等级。有所不同的地方，是现代性的空间场所不再是深宫和大宅门的禁地，而是开放的空间，实质的差异为，穷人的眼福和有钱人的空间消费实践。

在船只、步行和自行车活动中建立的社会关系场境，与高速公路和航空飞行下的人对自然、人与人之间的社会关系的空间生产是完全不同的。

海德格尔已经意识到，空间不是对象性的一种可放置物品的空架子，它是**意蕴建构的周围性**，在世界**之中**并非指某物的被放置，而是指处于意蕴生成的**突现场境的周围性**。而所谓自然空间和几何空间的二级幻象，不过是这种建构性周围意蕴链的不同眼光的外部对象性构型（格式塔，Gestalt）结果。

人的空间就是他的生活场境！

马克思的历史时间，是他在《关于费尔巴哈的提纲》中第一次将存在论的基础从外部的对象性实在，转移到社会历史本身的主体性实践活动上来，从而完成了存在论中的"路德革命"。这种主体性的历史时间性，构成了历史唯物主义的本质。而柏格森在个性生命绵延的内在体验中发现的主体性时间，是一次时间观中的"路德革命"，因为他第一次将时间从外部物质的持续性特性转换为人的主体生命践行。在这一点上，胡塞尔只是在内在意识的时间绵延中重新强化了柏格森的发现。

如果说在中世纪，一切社会空间都是阴暗和不透明的活动场所，神性通常都是以神秘和费解的方式呈现的，那么，资产阶级的社会实践则打破了这一切，它以自然性的原始欲望驱动了人的行为，为了金钱的可量化、可计算，一切人与人的交换关系都必须是通俗易懂和透明的。相比之封建皇宫和教堂的神秘性空间句法，资产阶级的交易市场和商品展示空间是明亮和实用功能化的。资产阶级启蒙的隐喻就是理性之光的**照亮**！

与马克思已经关注的简单的物质生产的客观物质转换和塑形不同，人的生活关系场境建构起来的社会空间，除去物性设施实在，主要是由客观的关系互动构境，同时，也交织着**象征性的抽象和表象**，以及通过表象和符码实现的复杂社会**关系编码**。

依列斐伏尔的观点，空间表象总是**一定质性**的意向性表象，并且，除去人们在空间实践中直接感知到的空间场境，它的关系性场境的表象方式是复杂多元的。它可以是物性的建筑（如教堂、皇宫和纪念碑等空间用具），可以是抽象的知识概念，也可以是象征性的符号或者是特定的构想式的编码。

不同于社会空间中社会关系场境本身的表象赋形与关系质的锚定，表征性空间是特定社会生活的空间符码的编码和解码系统，它通过抽象的象征系统，保证了占统治地位的生产方式的生产与再生产机制。在日常生活的关系场境中，它则呈现为不同象征编码中每个人亲历的想象的构境空间。

从圣经中"上帝说要有光"到柏拉图的洞穴说，光总是照亮生命的东西，光让人看见，光明是指引通途的前提，而反之，黑暗则象征着苦难和死亡。其实，后来的资产阶级启蒙，仍然是光的隐喻，只是，上帝之光被替换为祛魅的理性之光。在这里，光是一种象征性的空间表象，上帝之光，缘起于中世纪神性的垂直超拔关系，而启蒙之光，则是资产阶级追捧的工具理性的现实支配关系。

生活空间场境中的**用具**功用模板，比如杯子与桶不同惯性功用关系中的装水功用，床的睡觉和性生活功用，这些物性用具都是人在生活行为功用现实中抽象出来且反向对象化为用具的。在每天发生的生活空间场境中，用具都惯性激活和重构生活场境。而作为**空间用具**的房屋、道路和其他城市建筑设施，它们也都是在已有的城市空间关系场境中现实抽象出来的空间关系的反向对象结果。它们在空间生产过程中，重新激活和重构更大尺度中的空间关系场境发生和再生产。

在空间实践中，发生着占统治地位的社会关系的再生产，这是一个客观的空间关系场境的建构过程。其中，在生产方式中占统治地位的生产关系，强行构序和赋形一切空间关系场境，比如资产阶级的金钱逻辑对现代性空间生产的支配。空间表象是知识的意识形态伪饰和政治权力奴役的用武之地，它呈现了所有空间关系质表象的意向性侵入。而表征性空间则是感性象征的舞台，它是梦想和乌托邦的空间，在这里，哲学、神学与艺术会共同构成被奴役人们的精神鸦片，也可以造就走向启蒙和解放的诗性憧憬。

一位住在受到政府资助的高级公寓中的官员与一位生活于贫民区的工人对空间实践关系场境的感知会是完全不同的。经常飞往世界各地的官员与从来没有坐过飞机的工人，如果要谈及机场的公共空间问题，其知觉感受会是极为不同的。因为官员们那种"空中飞人"式的经常的飞行实践，使他们直接参与空中航行的空间关系建构，而工人只是从外部看到掠过头顶的飞机。

在封建社会，仿佛是神性的空间表象建构了大地上的世俗空间实践，这种空间表象篡位和替代了农耕经济之上血亲关系铸造的人对人的依赖性宗法关系场境。在这里，观念构想的空间表象遮蔽了空间实践关系场境，在主体感受性的构境层面，空间构想会构序和改变客观发生的空间实践中的感知性。皇帝真的以为自己是天子在替天行道，而平民百姓则甘为任人驱使的奴仆。

表征性空间是与日常生活中作为"住房"的个人空间想象，以及哲学家、艺术家的空间描述相关联的构境层面。日常生活中的居民不能规划外部空间，甚至不能改变现成到手的房屋，但可以在一定的框架中感性地布置自己的生活空间。当然，茅屋中的空间想象与显赫家族庄园中的梦想空间会是大不相同的。

我们每一个人清晨醒来，在床上恢复主体意识，第一眼看到的一定是房屋的天花板。可是，在拥挤的小屋的双层床上想象的生活空间关系，与在独栋别墅中有着落地窗的大床上醒来的想象空间显然会是根本不同的。然后我们走出家门，坐上地铁或豪车，进入车间或者摩天大楼中的豪华办公室等完全不同的空间关系场境，前者的空间想象会是劳作的条件改善和有限的回报，而后者的空间想象则可能是如何征服世界。

在欧洲的中世纪，基督教意识形态对存在本身的支配和控制并不仅仅是一种观念形态的精神奴役，它每天都会通过社会空间的实践话语征用每一个个人存在的身体，在日常生活中物性空间表象（教堂、修道院和宗教广场）实现教义所规制的全部存在规则。

资产阶级空间生产的空间表象的编码构序，不再依从上帝的福音和皇权的象征，而是从第三等级中涌现出来的 gens（人民）。在空间表象的编码中，建筑物的空间句法已经摆脱了中世纪教堂和皇宫的复杂神秘编码，重塑出一个易于直观透视，方便商人和政客一看就懂的建筑编码。

新型的资产阶级空间表象中的编码原则，完全摈弃了封建生产方式中那种遮蔽宗法关系的复杂神秘的空间表象和表征想象，等级森严的宫殿皇位与前后宫空间结构、不同质性的御道与便道编码，消逝在功用性的直接性和简单性空间句法之中。资产阶级的空间生产原则将对应于资本主义生产方式中那种商业交换的逻辑，无论是普通家居、纪念碑性的大厦等建筑还是道路的设计，从外立面到内部空间结构构想，都必须着眼于简单和功用的原则。

人类社会生活必有的建筑（从不是自然洞穴的茅屋开始）已经是**非自然的**空间表象和想象空间。与动物的简单物理位置感不同，构想性的空间表象，成为所有人类建筑的先在蓝图，而想象中的空间构境，则是人类在空间体验中获得的全新精神塑形。空间表象和表征性空间第一次在空间生产中起到重要的作用，由此，它所表征的空间实践也会发生巨大的改变。

现代资本主义建筑中使用的玻璃、石料、水泥、钢铁，它们都没有了来自自然的原初性，它们都不是在自然物性本有状态上出场的，它们本身是自然物质存在的重构中的一种客观"抽象"。这种抽象的本质是自然存在本有的自然构序和关联的祛序和失形，石料从山中被开采和加工，玻璃、水泥和钢铁都已经不再是自然物，而是工业生产之上塑形和构序的社会空间存在方式。当这些"抽象"物依特定的空间表象构想物相化为一定的工厂建筑物、运输公路、铁路和其他物性空间设施时，这就建构起全新的抽象空间的表象和表征基础。

与外部专制中的君主帝王不同，在资产阶级的抽象空间中，统治者恰恰是以**无脸的**方式在场的。资产阶级在统治和支配整个社会空间，它奴役和杀人，却始终不在犯罪现场，它永远有不在场的证明。

在资产阶级的抽象空间中，生活在商品拜物教的世界和形式法权的抽象平等构境之中，我们自以为是有个性的主体，实际上却一定是否定性关系中被阉割的伪主体，一种被抽象的经济关系和法理型空间结构支配的伪主体，因为我们的日常生活的每一个看起来可以选择的细节都是被控制的。

社会空间的本质是活动关系场境而不是物，但它无法离开物。比如古时的乡村田野、道路和农舍，这必然是农耕时代的人的自然经济生产活动和基于血缘关系的日常生活建构起来的，这是此时社会空间的本质。但这时的空间实践必然有其物质承载，田野是每日劳动发生的场地空间承载，道路是行走的空间承载，而农舍则是日常生活起居的空间承载。没有农耕劳动、没有乡间的行走、没有四季循环的生活起居，就没有农耕时代的社会空间及其物质承载。这是一个辩证的关系。

当人出现之后，人类世界周围的本有的自然开始走向死亡，这是人通过自身的存在，劳动塑形和构序了人工产品、抽象物、符码、图像的话语赋形，制造了不同于自然存在的社会定在，或者说，不同于自然空间的社会空间。而上帝的死亡，只是资产阶级的工业生产之后抽象空间中发生的事情，因为科学的编码、透明的图像和话语赋形，使彼岸世界开始远离功用性的金钱此岸。

社会空间既不是现成的自然存在，也不是神赐的作品，而是人的现实生活活动塑形的结果。社会空间正是由生活在不同时代的人通过劳作和社会实践活动生产出来的。它包裹着各种被劳作操作总和生产出来的事物，尤其是人与事物、人与人之间的关系的生产与再生产。这种突现式的关系场境正是空间和世界本身的构序和塑形。

作为社会空间的城市建筑设施，是由人的空间实践活动建构起来的物性存在。它是人的活动的承载和关系结晶，并且继续激活每天每时发生的空间关系场境。

一个我们今天走进去的大教堂，可能我们只是把它当作一种历史文化的物性存在，而实质上，作为历史性社会空间物性遗存，它曾经是西方整个中世纪曾经的宗法制度政治实践的结果。曾几何时，欧洲中世纪的生活空间里，会有多少神圣宗教构境和残暴的杀戮在其中发生？我们在今天巴黎的街头可以看见各种雕像，对我们来说，它不过是文化遗存，而作为社会空间物性承载物，它则表征了一个时代的权力关系。

资产阶级的启蒙，就是祛魅化，把一切愚昧和黑暗都放置到理性的阳光下来，资产阶级的口号就是让一切公开和透明化。

一个城市中的广场，不同于原始森林中的一块空地，在不同的社会历史时期中，它可能是烧死女巫的宗教示众空间，也可能会是后来资产阶级政治集会的暴走空间。如果说没有人存在的自然空间是寂静分立的，那么社会空间场所从一开始就是在一种人的空间实践活动的相互依存、相互冲突的关系性存在中发生的。

一幢居住建筑物中的每一个物理实在空间，都是与空间句法中的生活**行为流**的功能需要相关联的，比如，厨房与餐饮、阳台与晾晒、起居室与活动、卧室与休息、门与开关、窗户与采光、壁橱与装取等等。它们都不仅仅是空间中的一个物性构件，而是某种**生活实践流结晶而成的物性设施**，它们的物性模板存在保证了人们的生活行为在特定空间关系构架中的重复。

全球化资本空间生产的产品和空间关系是十分复杂的，一个跨国公司的资本在不同地区和国家中的空间布展，是马克思那个时代不可想象的国际性资本构成关系。雇佣劳动、劳动分工与劳动产品会由分布在全球的不同地区和国家的劳动者承担和实现，这共同生产着当代资本主义的看不到直接暴力的暴力盘剥的生产关系。

到了资产阶级时代，社会空间的生产开始紧紧地与生产方式的整体机制联系在一起，空间中的事物依工业生产的整体性构序和关系赋形相互依存，这当然是一种全新的空间表象和构想。城市与建筑的空间句法不再是贵族式的任性，而是密切关联于物质生产和空间关系生产的客观逻辑。

所有的人每时每刻都生存于一定的空间场境之中，上楼与下楼，起床、洗脸和吃饭，都是一种连带着空间行动的日常场境，也正因为这种空间依存对我们来说过于熟悉和平常，所以空间存在往往会被忽略。

创世记是人以神的名义向自然立法。

在今天的资产阶级社会空间中，光开始喻意着启蒙的理性，而在场是资产阶级社会生活中的方向和有序性，这就会出现一个"从蒙昧（昏暗）到启蒙（光明）的运动过程"。可是在资本主义社会的实际发展中，被光亮照着，并且在社会空间关系中在场的人，越来越依附于市场交换中介里出现的金钱之光，谁拥有了资本，谁就可以操控空间生产中的在场性。越走向当代，在资本主义的社会空间生产中，光和在场的意义都越会发生巨大的改变，比如景观社会中媒体的光照和今天信息网络社会特有的点击在场性。

古时候，神之光只是照耀天子，平民是无法进入皇宫的，进入皇宫是一种空间序列；而现在资产阶级城市中，则因不同的空间设施而发生不同的空间实践活动，高档会所和顶级超六星酒店标识了人的特殊身体位置。

社会空间场境是无法放置到传统哲学的主-客二元构架中去评判的，因为社会空间的发生前提是物质设施，有如房屋、道路和广场，也有活动着并发生着种种关系的人，但空间表象和表征性的空间却离不开人的主体意识，没有意识活动就没有空间体验。

在劳作实践中，劳作者总是从自己的身体活动出发的，放牧中的步伐和身体的觉识成了空间界划最初的测量方式。他将自己的手和脚的测量功能延伸出去，这才有了不同空间的度量、规模和距离等特性，原先只是存在于身体中的想法和行动逐步地延伸出不同的社会空间客体，即社会空间实践的物性对象化。

意识到身体是我的，在一个个体孩子的成长中，是存在着一段感性行为和意识主体性生成的复杂历史的。这与特定时期一定文化语境中的家庭环境直接相关，孩子从父母的言行中习得自我规训的构架，从语言文化教化和社会关系规范中 formation-déformation（赋形和脱形）空间关系场境中的定位和质性。

人的身体心脏、呼吸器官和消化系统都存在特定的生物运动节奏，可是空间中的身体的整体节奏却并非仅仅归结为生理器官。人的生命节奏更像是一种身体与空间的相互作用，甚至源自一种空间和时间的连续统。这更像是身体在空间中的自然生命节奏。

人的生产活动周期，开始是依存于自然节奏的农业自然经济循环周期，而工业生产的线性进步节奏则越来越多地受制于商品交换关系构序，并归属于资本增殖的疯狂节奏。特别是在后面这种市场部分中实现和发展起来的经济活动节奏，往往是通过虚假的经济物相的发生、发展和危机的恶性周期表现出来的。

社会空间生产中最直观的领域是可以感知到的知觉空间。但是，出现在社会知觉空间中的物体通常都是实践性的功能存在，并且富有特定的象征意义，它与身体、语言交互构成一个复杂的知觉空间。在可以直观的知觉空间中，社会关系仿佛是不在场的，因为可见的对象物不过是社会空间实践的沉淀，物性存在往往会在知觉空间中遮蔽真实的社会关系存在。

知觉空间根本不在传统认识论构境之中，所以也不会涉及反映论的主-客二元构架。这是一个极为复杂的戏剧化互动过程，空间性的身体既是空间对象也是主体，就像我们用手去体测前额的温度，手是主体，而被摸的前额则是客体；既有手操作工具生发出来的感性活动，比如我们用卷尺测量房屋内部的面积，又有身体感官获得的组合起来的统觉，我们看到放置在房间中的家具、触碰到墙面的质感和闻到空气中的花香等所构成的空间统觉；再加上语言象征关系的话语隐喻，有如温暖的家、沸腾的广场和庄严的纪念碑等表征的空间象征关系。

与通常哲学语境中的主体行为、活动一类抽象所指不同，姿势是行为和活动在空间关系场境中的身体表现。姿势是人的身体除去语言表达之外的一种可感知的空间表现方式，甚至是最基始性的方式。

作为空间表演艺术的舞蹈活动，本身就是一种十分复杂的非及物姿势系统。除去简单的道具之外，舞蹈家完全是通过身体四肢的所有环节来表达各种象征性空间中的生活场境的。有如杨丽萍的孔雀舞，她的手指关节的每一个细微的动作和身体姿势，都象征性地表达了她对孔雀优雅姿态的美学构境，给人们带来了强烈的艺术空间感染力。

在列斐伏尔看来，在社会空间的生产中，存在着一种社会关系的简单再生产，即纪念性空间关系的生产，它以维系空间存在的不朽为目的。纪念性空间关系的本质是镜像式的共同想象投射，由此建起不变的社会共在。纪念性空间关系可以是拟物性的纪念碑式的建筑，但更多的是无形的惯性活动方式延续，它无时无处地不发挥着隐性的支配作用。任何一种纪念性的空间存在，都会由复杂的表意系统构序而成，但是，它不能归结为主观性话语操作，所有纪念性的不朽都必须由空间实践实现出来。

一些看似空无的场所往往比满溢着物品的地方要更具有不朽性。当伊斯兰教信众去麦加[1]朝圣时，并不是因为这个城市的具体建筑，而是因为它是穆罕默德的诞生地。人们在今天的麦加城中并不是因为可见之物

---

1 麦加（Mecca）是伊斯兰教的第一圣地，沙特阿拉伯西部省省会，位于西部赛拉特山地中段易卜拉欣涧河的峡谷中。伊斯兰教创始人穆罕默德于公元570年诞生于此。之后麦加成为伊斯兰教中心和商业中心。

而激动，而是因为感受到不朽的神性空间，这种超越现实物性存在的不朽恰恰是空无。

依列斐伏尔的观点，当康德说人"向自然立法"时，那还是一个先天观念构架的主观臆想，而现在，自然空间已经全部成为资本逻辑抽象空间生产的附属。资本的抽象空间不仅通过现实的工业实践将自然空间转换为资本的赋形对象，而且通过抽象的工具理性向自然存在命名和立法。抽象空间的唯一目标就是"经济增长"，其本质是资本对剩余价值无限制的疯狂追逐。

在今天的资产阶级空间表象中，人的主体不再表现为自身，甚至不再与具体的客观现实相关联。主体成了空间符号编码的结果，不是人通过构想性的空间表象物相化空间关系场境，而是象征性的符号链捆绑空间生产中的主体。人如果不表现为一定的空间表象，他就是不存在的。比如，你在生活空间穿什么牌子的衣服、戴什么价位的手表、驾驶何种类型的汽车，你才是这种抽象空间中的什么主体。于是，人们会发疯般地追逐炫耀性的消费，走向一种特定的空间消费异化。你不是你，你是一种空间抽象结构中的表象存在。

在有着物质存在外观的某种社会空间存在中，小径和道路不是指草地和林间的泥土地，而是指在大地上走出来的"路"。这个**功能性的路**区别于被踩实的泥土，它正是社会空间的缘起。不同于小径与道路，铁路和电话网都已经是工业生产基础上全新的资本主义社会空间的生产了。铁路不是指钢铁的轨道和列车，而是**功能性的交通**这个社会空间存在；电话网当然也不是指电缆和电话机，而是**打电话**这一社会空间实践存在。

一条小路，并非天然生成的，而是有人走出来的，所有建筑都是由我们的身体的不同生活和工作活动关系生成的功能性结构抽象而成。

4[1]

传统哲学的思路：中国向世界贡献了孔子、老子、庄子和一个"禅"（后来日本人的"道"）。古代东方是"玄"-人，古代西方是"知"-物。现代西方是总体的"孔见"。马克思提供科学方法的形式（OS 操作系统）：真理是"易"，与自然科学的运动本质同一。

实验科学之后，培根的拷问—康德的立法（加给物相：而自在体则成了一种想象和先导）—费希特的"我"与谢林的"同一"—黑格尔的客体神秘化—费

---

1 此部分内容为我在1996年写下的《构境论》大纲，应该在2000年前后有过一些陆续的修改。

尔巴哈的人本主义—马克思的实践之境：一定的历史的缘起之境。

构境论不再求"第一"，而是否定的辩证法的非本体化。

境是否定，"不"。不是不变性，而是一种永远的历史发生和建构。它的易逝性决定了它的非本体性。它在每一时代的物中留下特定的痕迹，在人性中积淀，但它是永远没有止境的。

物无境可言。

中国文化之要义是境，这也是人类文化之透明极点。构境是无中心的，是华彩，而境之边缘是软性的，有大张力的。境的生成每一次都再造。没有境是可以绝对重合的。境是游戏中的一种，是解释人生历史的一种观点，而非终极真理。

人的世界之本质究竟是什么？自然：自己燃烧？表露：元现象（在场）。图景。拟人与人化：面向主体；"以人知天"（斯宾格勒）：自然-外在宇宙；因果必然；张力与广延；空间-阻力。社会-内在宇宙；命运必然；脉动与导向；时间-自由。谁在活动？谁被改造？怎样活动？人与物的本质之别：工具（劳动）；语言与符号（意识）；境（在）——计算机无境！

无形——无显构！是人超出自然的最后质点。境是人类构序的层面，只有人才独有。而自然只能构序：自组织、系统之类到人类社会组织中只是较低层面的客体组织。构境当然是一种突现的主体之境。

物、实践与构境。

构境：随时的自身消解！无意识的新质之激活，共振。其边界不同，立体程度不同，色彩不同，时间度不同。

当下在场，现场感：但是构境之异化就是格局，境之物化，把人规则化。并且，伪构境：包括马斯洛的高峰体验。宗教体验。

生存层级论。体：东西与实体；事件：过程与结构；功能：系统；场：无处不在的整合；构境：文化生存。

境是被构成的，但不是外在于人的结构，正由人的活动构成。也是历史生活的怪圈，既是演员，又是观众。是在与在者的统一。自为与自在的统一。既不能是结构主义的无主体，也不能是人本学的自足体。

境。A. 物性对象性（自然），工具性之圈（第二自然）：境之前提。境的基础和依托。B. 场，由场致境，物迹，文本，引起境现。

技术并不仅仅是达及目的的手段，已经参与现实的建构。技术污染！"在"已经通过技术建构技术序层。技术是构境的构件：特定的境突现出来的外部条件。手段——构境。它展现，技术是一种展现的方式。海德格尔意识到了这一点。

境为人之本，计算机中有场无境。中国人是主体主观境，非对象性非支配性的境，幻之境，始终处于这种境之中。没有破境，也没有实际的进步。而西方人则是先破境，由神话境到物（苏格拉底后：尼采酒神之死），由物（科学中的牛顿力学）入场，由场再入系统，再到境。应该注意其差别。

西田的场所哲学。一是纯验：主客体两没。知情意合-物我两忘境界。二是场所——无的逻辑。不是空间、地方，而是关系：存在场所，身体场所，象征场所，论辩场所。这种场所不是东西，是关系之无（萨特）。

布伯的我-你相遇是线性关系,构境是无中轴,无中心,也是无边缘的。构境中的表现与实现：善与美。

游戏只有游戏人去自己体验时才实现游戏的目的。游戏的真正主体是游戏本身，无主体。游戏境。

新自然观中的境：耦合方式——闭合系统。切断耦合关系，整体瓦解，整体属性消失。比整合要更确切。相干关系——客体间协同产生的关系，具有分开就消失的性质。

科学中的构境：测量与实验现象是被构成的，而不是被发现的。

测量结构的四大背景：一是形式背景，二是哲学背景，三是理论背景，四是概念背景。

实验境：一是实验的观察对象是被构成的，二是经验结构是被建构的，三是经验域，即实验操作行为、指针读数、可观察图像等行为语言和直观语言——抽象理论的过渡。

科学涉及一个收敛（convergency）的问题：绝对发散的、无趋向性的科学实验是不存在的。收敛是客观存在的，这就是一个有意向的指认，实际约束和定位。这是一种特定的匹配，定性与定量的统一。

相干与主体选择：在自然科学中，主体对自然对象是直接选择的。这里的相干是主体的一种滤掉。一种主体操作。把对象从自身的相互关系中隔离出来。间隔！

事物就是客体在历史实践中的投影间隔！实践对于客体中包含的多重间隔，起着特定的选择、定位和显化的作用。间隔的逻辑先行地位。

1. 仪器间隔。客观分离。

2. 投影间隔。显化。

3. 认识间隔。感性：格式塔；理性：概念集，符号系统。

人化自然：一是观察所及自然（观察自然又有两种：改变条件观察和不变条件观察）。二是实践所及自然（人工控制自然与人工培育自然）。三是人造自然（生活物与生产人造物）。四是人工智能（亚自然？人工精神产品、人工智能、文化）。这不是一种分离关系，而是相互包含的关系。

协同学：序参数———只无形的手突然自组织起来。突变论也是如此。客观的结构与组织是不能否定的（后现代）。整个复杂性科学中的协序。

构序：确定性与新奇性。不可能全新，两者组成实用信息。如全是白光，什么也看不见。

社会境，是宏观的境。再加历史向度。

个人境：我-它，我-他，我-你，我-我。个境与个境的关系。共境。他-他，众境。然后才是社会。

境之转换：人不断地进入和退出境。这个境可以进入，可以突现，也可以隐而不现于背景之中。它总在，当我们讨论一个情境时，它已经加入了。

境的层级：从生理境、社会境、思想境到神境。

存在辨义：实在一人的社会存在（萨特：一系列行为的总和）—功能意义建构的整合—构境—规律—逻辑—人的意义规则。

生存境——场、氛围、制约网、互动、整合、聚合、关系、操作、运演、工艺、惯性、行为、活动、实践、循环、格局、系统质、绵延、有序、负熵。

主观境：视界、象、相、感觉、知觉、体验、意义（向）、感情、情绪、情结、心理、心态、气质、人格、框架、图式、理解、下意识、潜意识、隐性。

物与境：

物（耗散）—生命（释放）—人（创造）存在。物质（客观性）—基质；功能（能量）—功用；结构（构成）—系统；有序性（信息）—编制人与物的交往。获得物—认识物的本质（规律）—物对人的意义。

人的活动之物不是自在之物。人认识物的过程：实物中心—系统（关系）中心—人化物。实物与能源、工具、符号体系场，功能格局与人的生存之境交往。工艺操作与"事件场"构序与构境："创序是生命的本质"（反熵）。内构与序化-构境是人的本质。

人的行为程序-生命的遗传构境是动词：境（格局）不是制约人，而是形成主体境；境不是受动的，而是主体的"在"！境是创化，是接合之意。

境是一种主体存在：实践之境和主观之境。实践是本体，是混沌，主观（知）与客观（行）是同一的，客观总体上是无法分开的，但可单独考察。

构境是"在"。物境：客体之境；实践行为境与功能境：主客之境；主主之境：情境与思境；自我之境。

境与术：操作、运演、交往是境之形成（不是"搭"）一带结构的创造势与"易"。

序参量境与化石：实践之境—活动结构—客观的载体（物质化石）；意识之境—思想框架（语言化石）。

信息之境—意义结构（符号化石）解构与消境：境是旋转体；旧境的转换；不在场。境是递升—突变。境的泛化—复境（复构）。境的粉碎—不在和否定。交构：多境之合—新境。

境与无：佛是空极为深刻，境是非的有，破尘—仙境。逻各斯（本质）是思境。宗教是幻境。真实的希望是前境。"应该"是引导之境。

存在论的"此在"：太极的旋转动态之境。

层系接合、整合协同与共振总体整体：一个模糊的背景—全息（相关）交构与交境。

资本不是物，而是一种关系，并且是始终不固定的一种动态关系。人、物、金都是，并且流动。资本既是货币，又是固定资产，还会是人，资本关系的流动。

货币也有一个历史建构过程。简单等价物—扩大的价值形式——一般价值形式。金不是天生的货币，货币天生是金。物—金银—纸币—信用卡。

人（肉体是物质承担体）是一种社会性活动过程，本质是关系。从穷人到显贵，封建下身份的动物学意义。

社会现象学：如何一层层地剥下来。与精神现象学和意识现象学的关系与区别。

不是物的里外，而是个人、集体、民族、国家、地区和社会的社会性活动——关系，上述社会生活存在的过程——结构。历史性规律。场、格局等都能用得上。生产力已经是物质生产活动的本质，生产关系是社会活动的本质。最重要的关系是以生产为核心的关系结构。

物、物相、外在关系、颠倒了的关系、物化关系，非主导性的关系（如过去了的封建关系）残存。

那么，基础与上层建筑，不是真的上下，而是一定的历史时期中人的社会生活中的决定性与非决定性。主导之意。经济与政治也是。存在与意识关系不是，生产与再生产的社会历史也不是。又回到社会历史发展中的基础与主导性关系上来了。

1. 物质生产与再生产是社会生活的一般基础，永恒的自然必然性。基始性，前提性，广义历史唯物主义的基础。

2. 主导性，一定时期中的决定性力量关系（引导性？目标性？），有了它就可以有一切。封建关系中的出身，资本主义世界中的金钱与资本。这是一定的社会历史活动中的历史性本质，一定活动中的决定性关系，一定社会存在中的制约关系。这解决了一个大问题。

关系：组织化——有序性。负熵、构成。结构与格局：功能性关系，不是直接与物的接触，联结，而是一种功能性的活动和认同。人与人关系中的主体性，承认！原来由传统与习惯来维系，现在由法律与制度来维系。

动物的"关系"：功能性的生态链。一种直接的物的联结：吃掉，消化。头羊、猴王、工蜂等。

人的关系之发展：马克思。

开始是直接的血缘关系，人对自然的直接依赖，固定化的血亲关系简单地认同。由专制来维系。

资本主义生产方式中的关系是动态的，平等自由，功能性的。人对自然的关系间接化了，现在是工业中的人工物质系统。人与人的关系也被中介化了，经过物与物的关系，非直接性。也是一种认同，这一次是自愿的认同。葛兰西的霸权（领导权）。通过物来认同人的关系。

到了共产主义，才能出现人与人的自由联合。真正的科学的自觉的认同，格局与主体性的一致。

人的关系的发展历史即人的本质之发展的历史。人是在关系中存在和活动的。活动（实践）是人的存在方式，关系是这种方式的特定有序性？

人的属性。

1. 自然肉体属性：也是历史发展的实在过程。

2. 社会属性：不是长在人身上的物的属性，而是在活动中的功能性属性，如创造、价值判断。这是建构成的。关系性、功能性的属性。

3. 个性：属于个人活动的特性。

萨特的存在是社会存在。反对死去的物化。"人是一系列行为的总和。"

非直观：表面关系与内在的必然关系。物与物的关系是外在的关系，颠倒了的关系，掩盖了人与人的真实关系。假象与现象。也不能简单抽象，直观，活动是无法静止直观的。

人一停下来，就什么也不是（开除、失业、破产、退休、出家等）。

夜晚：一切都停下来了，社会消失了。这是一个物的世界。意识也消失在黑色中（除掉夜晚上班的人）。
白天：一切的重新建构。个人早上起来恢复知觉，身份认证。全社会建构关系与结构。大家开始劳作。

物在其中充当的角色：实体常常是代表，是活动物化的对象。物一旦离开社会活动和关系，就在社会存在的意义上死去。人离开社会也是如此。

构境不是胡塞尔的现象学，不是意识本身的机制，而是社会活动的探真、探善与求美。

人认识自己是最难的，人自己不是对象。反思主体活动过程，比认识静止的物要难。这种抽象是难的，因为这不是建立在一般对象物的静止映像上，而是一些功能性行为经验的抽象，特别是非个体行为的社会整体活动的抽象。这种抽象受到概念构架的制约，而认识社会历史，意识形态的影响更大一些。这还不算上实践功能度本身的制约。

进入人体生理学是容易的，心理学与思想就难一些，社会现实难在每天都必须将全部社会历史恢复建构出来。它始终在发生、活动，所以抽象是动态的。这种抽象容易出问题。斯密、李嘉图经济学抽象中的错误。

黑人不是天生的奴隶，他们只是在一定的关系中才是（——主人）。皇帝不是天生的龙子，只是在封建关系中才是（——臣民）。现在从贫民到大资本家，是一步步建构成的。成为资本的人格代表，一旦破产，关系全无。

人的真情与金钱无关。爱是一种本然关系，交易中不会有爱。

关系与境。马克思与海德格尔。在世中，共在，都是在讲关系。关系本体论。卢卡奇的社会存在本体论与广松涉的社会关系本体论。

历史之境：历史不是现在的，只能靠物质、实践等东西的遗迹来重新构境。一切历史都是当代史就是这个意思。这是主观之境，而不可能再出现原先曾在的物质与生存之境。

人类社会的实践规律中的惯性场境和非线性。滚动的地平线。

在后现代文明中，与信息相比，天才突然发现自己变得不必要了。如果只是信息，你将被替代！你有没有不能替代的东西？这就是境。

布尔迪厄的习性：一整套性情构成的。习性从生活行为中来，而生活行为则从生产的工艺基底来。场是物性基质，境是一种突现。后者才是人的存在真谛。习性与社会世界的一种本体论同谋关系。这种同谋关系由实践（劳作）发生，即"在世中"所造成的一种本体论关系。这也是社会世界的基础。社会生活就是结构与习性共同构成的一种交互作用。

关系：人之拽。我累：物累（金、欲之累）与心累（宗教、理想之累）。无根性。

布伯说，凡真实的人生皆是相遇。仅是在中介坍塌崩毁之处，相遇才会出现。没有任何意图、欲求、先知的间接性，相遇是直接关系。"现时"：不是一瞬，而是真实、活泼、沛然充溢的现在，仅是在当下，相遇关系出现时，现时才存在。

韦伯的去魔（标准信封：杀死了各异的个性），也是送旧的神。实际上是解构境！人的境成物之场所。但他看到了无灵魂的贫乏，接下去说，也会有新的神出现。

诗人的彩虹（浪漫主义）与牛顿的彩虹（物质主义）。自然的施魔与祛魅。

人类社会历史之境的主体视界—人性主体泛化：自然图腾—神（替天行道）—上帝（人本之异化）—封建（个人说了算）—物化世界——人类主体调控自然的意图、理性的狡计、经济"伪世界"境的异化与"自组织"；灰色境中的"经济人""看不见的手"与似自然性边际效应构序（还是物役）—能动地构境未来的构境——科学自主性。

化蝶的哲学性。蛹与化蝶。

流行、不加提问和想当然＝现成性。

马克思为什么在后面的《1857—1858 年经济学手稿》中再一次提出异化？它不是出发点，不是逻辑方法的结构，而是现实的历史结果，不是异化造成罪恶，而是工业生产基础上的商品经济必然导致物的依赖性，即异化。异化是主体向度。人的关系，通过物的联系不自觉地发生。个人不是主动地与个人发生联系，自觉的直接的关系，真的人的关系，只有通过物的需要之互补（交换）联系起来。社会的物质需求联系，自发的客观关系。

资产阶级法权的"公正"的自发性，非个人的主体性，客观公正性基于"看不见的手"。谁都不是主人，客观市场成为主人。这代替了神自上而下的公正。非个体的神，假托神，导致公正性。这也是经济拜物教的起源之一。

因此，仅从哲学上讲异化是根本讲不清楚的。黑格尔的异化之所以深刻，也是由于他是从经济现实中看到了真实的客观颠倒。（1）市场经济中的颠倒；（2）观念之间的颠倒，感性与知性、知性与理性、抽象理性与具体观念的颠倒。观念优先不是头脑中出现的，而是资本主义的现实：抽象劳动、价值、货币、资本。这都是只有抽象才能把握的关系。这就使客观抽象变成观念抽象，抽象成了社会存在的本质，实际上是关系本质。这是后来马克思在《1857—1858年经济学手稿》中才逐步意识到的事情。

结构主义之异化，人创造的理论语言结构，最后决定人，特别是决定和奴役个人。解构主义也是说这个道理。理性走到人的反面。工具理性最后从手段成为主人。

还有一点是异化本身的历史内涵。自然之役，血缘之役，物役。关系之役。自役性。理论的自我奴役。心役性。

所以今天要理解异化，首先还是要从经济现实出发，研究经济关系中的人与人关系的改变与颠倒。然后才可能从理论上、哲学上说清楚问题。

两种异化观：

1.《1844 年经济学哲学手稿》中的异化。价值悬设后，理想本质与现实存在的矛盾。虚与实的矛盾。自我异化是一种反思，是在观念中设定的。

2.《1857—1858 年经济学手稿》中的异化。现实的反思。原来我的活动的物化结果，现实地成为今天我的统治者和剥削者。我的先有成现有的统治者。资本家是用我的东西（物化为抽象的无名的东西＝过去的劳动者的成果）与我交换，这当然是进一步的不平等交换。

经济异化在客体向度中是进步，同时又是生产进一步发展的障碍。人与人在客观关系上是不平等交换，是掠夺、片面性、客观颠倒，是不公正。在主体向度上首先也是进步，相对于人身依附是解放，但又是新的物役性，是主体性的沦丧，是关系异化。

资本主义的伟大文明作用：

1. 主要指物质生产的进步和发展，经济的增长，物质财富的增长，但马克思指出它也成为进一步发展的生产力的枷锁。

2. 政治上的解放，平等自由。但是实质上的不平等，是一种新式的非外在专制的更强制的无法直接反抗的合法奴役。认同是从经济中发生的。

3. 人与人的直接压迫和掠夺转变为通过物的中介的人

对人的压迫和奴役。关键是剥削。

似自然性：自然性的意识形态性。不是自然，而是社会历史性。自然性恰恰不是真正的社会历史。

物役性：是假象，表面是物与物的关系，实际上是人对人的关系采取了物的形式。

经济拜物教：与原始拜物教的区别。那时真是对外部自然客观物和力量之崇拜，而这里是对社会存在物（关系）的崇拜，并且是颠倒了的物相（假象关系）。这种拜物教是复杂的。非物形非人形的东西。人还是不知道崇拜的实质是什么。崇神时，知道它是一个超人超自然的东西，货币与资本甚至是想象不到的。主要是货币拜物教。资本被视为巨资，也只有资本家拜资本。一般人拜金。要真拿到金，也不一定能成为资本。拜关系教。

现实中的两种异化：

1. 我们今天是不自觉（自觉）进入物化、异化和物役性的。这种异化（交换成为主导性）实际上是一种进步。生产力为标准不是唯一的。为谁生产？社会关系的变化被排除了。所以人们看不到异化的发生。异化在客观发生，造成生产的无限发展，抽象财富。而不是具体消费。

2. 当代资本主义的异化，不是像西方马克思主义所说没有了贫困的形式，因此不讲经济异化。异化仍然主要是经济关系，这种异化的颠倒关系并没有被消除，反而被加深了。被表面的福利所掩盖了。异化的进一步发展，国家成为主体，这是大资产阶级意志的自觉集中体现。今天的资本主义不是没有异化，比马克思那个时代的异化更复杂，关键是再也没有一个思想家能够像马克思那样全面地科学地批判理解这个复杂的世界。西方马克思主义不研究经济，所以不可能理解马克思，只能是观念中的革命。今天的资本主义不会仅仅是观念异化，这种观念异化不过是现实异化的一种折射。

那个多重颠倒问题：
人与物的关系颠倒，人与人的颠倒，流通与生产的颠倒，分配的颠倒。现象之间的多重颠倒（转化）。客观发生的颠倒，不是在头脑中反思出来的。

我的东西——无偿被在"交换"中骗走，而后，这个我的产物（生命的对象化）反过来进一步成为与我交换（进一步的再生产中的骗走）的工具。他人（资本家）就拥有了那个过去的"我"。

今天压迫我的是我的"儿子"，我们造出机器人，最后我们将沦落为它们的奴隶。这就是新的技术异化。

异化理论是批判理论。人本主义原本是抽象的价值批判，是反对封建专制和神学的思想武器。但资产阶级的人道主义是抽象的和形式上的、工具性的。在实质上是非人道主义的。

实际上最大的异化是人对自然的背叛。自然物质产生了人，养育了人，并维系人的生存，但人成了自然的主人。海德格尔的"让物物着"是对的。这是一种非人类本位的神目观。

物役性：价值（观念）可以转化为原料、工具等与工人相对立。物役性是一种外在的力量对主体的奴役与压迫，这种力量是关系而不是实体。资本是一种客观关系压迫我们。物不会压迫我们，它不过是一种社会关系的物质者。社会存在的本质，不是实体，而是关系！

技术圈与生态圈：哥白尼和伽利略——人不再是中心；达尔文——人不再独立于动物；弗洛伊德——人不再仅仅是理性；人工智能——人不再是唯一的理性。

神经元：快速有效地组成非线性变换。这种神经元网络只是硬件，在此之上的主观构境才是软件，突现的意识。

反映与构境；积累与格式塔；还原与创新（对跖人）。

镜与境的区别：与对象的同一和自我映射（内居）；对象对面的外力与观望和真善美与知情意。境不是镜，不是反射，是主体之境。境不是理性，也不是无意识。

东方的体知文化：意、境、象、气；术、易、参、格物致知。

美英俄（山姆大叔、牛、熊），中国-"龙"：没有的东西—水路空三栖—变化无测—隐现无常。

中国之禅境，因建构之境易碎，才看破红尘，但不知境与物、境与实践的关系，境成纯主观之境。

低层次构境与高层次构境的关系。以为穷才有情、思、诗，旧才有"气息"，实为不对的，富足的条件必有更高的境。如路边摊与米其林的"吃境"。

怀疑论——存在就是被感知与统觉格式塔的感知场（完形：邻近性、类似性、封闭性）；力学的平衡与自我调节的动平衡；不是框架而是框架的映射；别尔格（Aksel Berg）的信息场、信息域、科学域与形而上学蓝图论；汉森的理论负载；分维与分形建构与突现：组合、重组与智力旋转；顿悟性与大彻大悟；波兰尼的意会哲学；"形而上"与道。

意识境的构成：构境与心境之别。境的不断重建：一觉醒来，从知觉开始恢复境，直到生活境的重现。

感知——现象场；象境；知觉——体境；概念——思境、意义境；情——情境；意志——毅力境；善——义境（伦理）；美——美境；高峰体验；普遍心态——文化境；完形是境；意会之境；性境；无形学院（科学之境）。

《梦境》：A 进入 B 意义之境——我-它（视界融合）；
我-你（对话）；我-我（反思）。

共生＝共振现象：不是反映，而是共振，认识一朵花，
就变成这朵花。内居。

认知的隐性场境。透过现象—本质：康德—黑格尔—
马克思；现象学不是对象性的方法，而是讲自我显现
者＝现象。在这一点上，黑格尔与马克思都是现象学。
黑格尔是观念现象学，观念的自我显现。马克思则是
劳动关系的显现：交换—价值—货币—资本。显现的
颠倒。

盲点与认知屏蔽（皮亚杰的"E"与客体不变特性的
历史截取）。隐性参数、定势怪圈与无意识（弗洛伊
德）——梦境语言异化。结构主义——构在主我、话

在说我。

康德：实证的现象——他律。相对的真。善美：自律——美与上帝。前者：太阳升起无意义，后者：太阳升起有意义。这是双重构境。中国的禅：恰恰将康德的现象界作红尘否定了，自在之物是佛，表相也是佛。

人的垂直关系：人与天，人与神，人与圣。哥特式的教堂：垂直线。"升天"，飞起来，高，贵，人一进教堂，就自感小而丑。人的垂直关系的沦丧，人成了物。

水平关系是人与物，人与人，人与当下处境。众的关系。韦伯是讲水平关系，物化的合理性；海德格尔是讲垂直关系，人的诗性存在，反对水平关系。垂直是神性诗性的关系，水平是"下流"关系。

境是无法复制的，它只能重构。

虚幻之境：

1. "光"制造世界图景，无光则无世界——眼睛看到的视觉世界。

2. 电的世界。无电又会造成一个世界的消失。

3. 媒介世界。信息世界的伪境。并行信道导致的多媒体境。假了又假。

4. 数码世界。虚拟现实——数字化生存中的现实。其实这都是一种新界面的出现，只是一种主导性的东西，而不是全部。至多是一种新的生存层级。

制幻剂幻境：战后初期是在精神病学家以及上流社会圈子中使用的。20 世纪 60 年代初开始上街！一些诗人大力推崇。"迷幻剂可以拯救人的灵魂"——东方神秘主义。三重因素：摇滚、灯光和毒品。醉生梦死。

一个假商人，住进高级宾馆，构虚境以诳他人。商业的构境规则，衣着，车，举止。

构境论与后现代的"怎样都行"。境是无定性的：中心在起因上有意点，但一旦构境，即呈弥散式的——无硬边！

心理之境：格式塔之心理场。鲁宾的花瓶还是人脸，天使还是魔鬼。艺术之境。中国的意境。

历史学与构境：史料的再度发言。史料不能被构境就是死的。当代史、思想史、生活与解释都是如此。

科学：剥去了自然的精神外衣，杀死了小精灵。神话的丧失——人的赤身裸体。

人的基本事实：人们用相互宣称的东西，并相互感染。即构境。

我是一种幻境。

拉康的自我是一种分裂的主体。镜像阶段不是一个阶段，而是一个舞台。

镜像是异化，是幻念式的自我。这种异化不同于马克思，特别是扬弃异化的归途。拉康的主体异化（原初性）是一种命运。个体与其自身处于永不一致中。异化身份与他者。无意识是他者的话语。无意识是本原的欲望，他者是弱小的被压迫的本真自我。而我们却执迷于假我（异化主体）之中。即那个文化我，由意识理性（同一性）铸成的坚硬外壳。

记忆链匹配。

美术境：如文艺复兴之后的西方绘画精心营造了一个有中心的空间，即人工透视法。

本雅明的灵韵（aura），围绕在艺术品原作周围的独特韵味，它赋予作品本真性之境独特的此时此地。

巴特《符号帝国》说，悟是一种蓦然出现的无言之境："强烈的地震"。意会倒成了好的东西，言明知识成了暴力、权力话语。日本是物的文化上的东方文化高点。西方的叉子与东方的筷子。

神音：不朽的上帝之声（管风琴，古钢琴），多声部和声。

古典（资本主义）：工业的标准旋律。

现代无调：无尽的流行。

电影：电影之境。电影是构境的艺术。cinematic situation（电影之境）——3D 电影。

省略：在电影中暗示就是原则。蒙太奇。分镜头：融入与化出，叠化等。看电影也是构境的过程。

有什么样的知识结构，则能建构出什么样的境。看不懂的原因，是无法理解进而无法构境。

电影的第四条边：观众的想象空间，被看的空间。如果电影是三维立体加时间就已经是四条边，那么观众的空间则是第五条边。

电影中的缝合：解读电影中悬而未决的问题，每一个电影场景都被一个缺席的场景——由观众的想象力所决定的人物位置——所回应。

放电影：将观众带入一种第四空间之中，只有在间断时才意识到机构（机器）。读小说时，只有在字迹坏时，才意识到纸张和印刷的存在。

视点：视点是注视的发源地或方法，从某一特定视点才捕捉到影像本身。

反打：看镜头则破境。

电影生产是一种戏拟的现实：电影魔术。化装。拟声。

剪辑。

电影构境最深处的例证：《绿卡》中的钢琴，《现代爱情故事》中的"月光"，《不道德的交易》中的泉，《完美的世界》中的男孩开枪，《阿甘正传》中的羽毛，《蓝色》和《第三类接触》中的乐曲，《阿郎的故事》和《爱情故事》中的死亡，《死亡诗社》中的诗歌，《金刚 2》中的金刚之情。

5[1]

实践结构是一个时期人的行为和意识的发生基础。
（1984）

任何时候，人所反映的东西都不是客体，不是与之符合的外部自在之物，而是一定历史条件下实践结构意义上的人的"行为现象"。（1984）

实用主义的现实基础是个体之效用。（1984）

---

1 以下文字摘录于我自己40年来的"思想笔记本"。

历史唯物主义的基础不是存在物，而是总体行为方式——社会实践结构。（**1984**）

这种基础不是物的量的方面，而是**物被改变的程度**，或者是"人化自然"的结构更迭过程。（**1984**）

皮亚杰说，一切认知结构都是人后天的活动内化的结果，所以辩证法理论不等于外部规律，只不过是人的实践-认识的"小阶段"（列宁语）。（**1984**）

生产结构——生产力内部的结构是一个**动态的活动格局**。生产格局是人与自然，确切地说，是人向客体进发的那个最基本的结构关系，即马克思所指认的"怎样生产"。（**1984**）

力创具有中国现代特色的马克思主义哲学特征、结

构、体系。（1984）

人反映物，但如何反映物却受到一个框架的支配，因而"物"就具有了变幻性。（1984）

意识的性质是实践的结果，人的实践**程度**决定了认知的程度。（1984）

实践结构不等于生产结构，它是一个一般的社会总体行为**格局**。（1984）

人能认识的是一定先验图式的表象，先验图式也是变化的，客体的呈现也在改变，这一切依托的都是实践的水平。（1984）

客观实在性不一定是物体性。（1984）

思维的运演和构架是人的实践活动及结构的内化结果，这是一个不断形成、复杂起来的系统。（1984）

"怎样生产"的生产方式，必须从社会本身内部结构的变化着眼，比如劳动实践的具体方式、协作的方式。（1984）

现代自然科学中的实验并不是在制造看到、听到和嗅到等直接的感觉，而是在感知不到的条件下寻求一种理性直观的结构。（1984）

从培根的"拷问自然"到康德的"向自然立法"，这是用道理迫使自然说话，用之后波普尔、皮亚杰的说法，就叫"理论先于观察"。（1984）

理性构架的不同层次：康德的先天综合判断是人的先

在认知架构，而库恩的科学范式是科学理论架构，皮亚杰的认知格局则是与个人活动内化相关的行为结构。（1984）

"我思"非主体，而是逻辑存在上的先验形式（能力、功能）。（1984）

认识中效用性的创造，目的不是认知，而是使认识服务于人的需要，这里，认识的**逼真性**（"符合论"）就丧失了主导地位。（1984）

实践格局是一个非线性的复杂系统。（1985）

哲学的进步应该是一个整体：科学与价值、自然与人的统一。（1985）

要认清传统民族文化一度消失的创造性问题。新的哲学创造性是现实的、唯物主义的创造性：它既反对主观随意的学术"大跃进"，也拒绝被动的"螺丝钉主义"。（1985）

理论格局的根本改变是一个**格式塔转换**。（1985）

库恩：科学理论范式的结构性转换；阿尔都塞：一般意识形态的结构转换；普兰查斯：国家政治权力结构的转换；格式塔心理学：心理结构场境的整体转换；皮亚杰：人的行为结构到逻辑构架的递升；马克思：生产活动的结构转换。（1985）

在实践结构之上整个人类社会历史动态结构网的渐进和发展中,突显历史条件制约下主体性的结构发散（覆盖）作用和多元影响的真实状况。（1985）

事物在人的认识中被分割和界划，缘起于人的认识的局限性，根子在于社会实践进程。（1985）

认识和意识的基础不是物，而是实践行为和被改造过的物。从物到主观世界，经过了许多中介。（1985）

行为不仅仅是主体活动，而是达到合目的的效果的积极活动的外部表现。（1985）

人的行为中的内外反馈机制：负反馈是消极的证伪性校正，而正反馈则是主动的调整。（1985）

人总是通过实践的结构（主体行为结构）来认知客体结构，并生成一个观念格局的。（1985）

意义族是指非单值语境，只有用一组内涵界说才能表

征对象的丰富总体。（1985）

人的认识体系都是一定的**参数系统**，人按照一定的参照系统才可能认知（"构造"）世界。（1985）

社会质不同于天然的自然质，它是被生产出来的**系统质**。系统质指将多重因素集成化为一个统一的整体后生成的新质。（1985）

社会实践结构中的主导因素也是更替的，不要试图寻找一种永恒不变的主导因素。（1985）

我们观测的自然不是自然本身，而是由我们用来探索问题的方法所能看到的自然。（1985）

社会历史发展中的**基础与主导**：直接生产资料的物质

生产和再生产是全部人类社会生活的一般基础；而不同社会历史时期中居主导地位的决定因素却是早期的自然血亲关系、经济的社会形态下的物化"经济人"以及未来社会中人的自觉能动力量。（1985）

一定的实践结构决定了一定的知识图式。知识图式都是按人的行为-理性结构编制接收信息的，重大变异则会导致格局本身的改变。这由三个不同的层次构成：一是为人所用而注意的信息，这是由行为和实效本身规制的内容；二是为用而求真的信息，这是面向对象的真理；三是无法编制的信息，当下无用的行为和不可知的"自在之物"，皮亚杰将其指认为"神秘的余数 E"。（1985）

看起来，人本主义基于人的主体行为-价值-效用-信仰，而科学主义则依托物的状况-真理-精确，但自爱

因斯坦之后，人们也开始发现真理本身就是与人（主体）和效用（工具、实验仪器）相关的。（1985）

凡哲学"革新"皆从经验的重新诠释开始。（1985）

实践格局的历史运动的现实基础是生产技术史–经济史，由此走向观念图式背后的思想文化史。（1985）

实践结构的核心是生产力结构——系统构成机制，但促使这个结构改变的动力还是主体的劳动。（1985）

体力劳动在现代生产中的实际地位在下降，但不是直接劳动变得外在了，而是一种新的劳动占了主导，这也是活劳动，即**科学技术的活劳动**。劳动者主体是设计者和技术员（白领）。这些劳动者仍然在出卖劳动力，依旧让资本家（包括高级经营者和股东们）无偿

占有剩余劳动。（1985）

常识在本质上是非批判的。（1985）

社会历史的本质统一于人的现实总体活动，这种总体活动的核心是动态的历时性实践结构，由此再引导出经济、社会和上层建筑有内在结构规定的系统网络。（1985）

马克思的哲学基本问题就是社会生活决定观念，抽象的物质与意识的关系问题是旧哲学的命题。（1986）

马克思在观察社会历史发展时，他所使用的"自然历史过程""自然规律"，都是在否定的意义上使用的，经济的社会形态的某些特征终将会被扬弃。（1986）

人类的三次自我反思：一是将自己与自然界划开，主体与客体相对；二是自觉到主体的力量，通过实证科学跨出征服自然的一步；三是自省自身的作用性质，如何合理地对待自然，这就是具有战略意义的生态思维。（1986）

当代科学实践结构的新变化：用逻辑的、模拟的、非自然的操作代替了原先物质生产中那种直接的物性交往的内化过程。（1986）

过去总是说，社会历史发展规律是不以人的意志为转移的客观必然性，其实，这只是一种历史性的现象，因为在马克思所设想的自由王国中，通过对社会规律的自觉认识，社会运行的法则恰恰表现为人的科学规划和预想，比如"有计划按比例的经济运行"。（1986）

没有什么终极的认识，科学即认知运动。（1986）

从欧洲古典音乐的统一调式到无章法的自由爵士乐，也反映了从实践结构到心理文化结构的历史性改变。（1986）

实践结构不是物的客体框架，而是一种活动的"格"，"用"的形而上学的框。一种动态系统的结构。所以，社会存在是一种"关系"。（1986）

物理学的电磁场中有粒子非间断的实体性和间断性波动的场，那么实践格局的社会活动场中也有物与行为场，这应该是感知-认知场的现实基础。（1986）

社会活动场是实践格局的投射，认知场是理论框架的投射结果。（1986）

社会行为场是由人的主体活动发出的物质、能量和信

息交互作用场，其中有历史性的演变。（1986）

认识对象不是客体世界本身，而是一定的主客体实践关系。人只能通过实践格局的中介来逐步认识外部世界。（1986）

认知信息**匹配**机制：主体只能接受与自己居有的认知图式相匹配的信息，而无法匹配的信息则会像皮亚杰所说的"神秘的余数 E"一样流失。（1986）

主体泛化的历史逻辑：早期自然宗教中的图腾是对物的主体投射，古代哲学的"一"到"绝对本质"的上帝，是人的主体性投射关系中新的泛化。虽然经验科学开始力求拒斥主体感性的实验直观，康德也揭露了主体的有限性，可黑格尔又成为新的思辨上帝。马克思比较客观地给出了一个结合点——实践主体活动。

现代自然科学在超直观的科学认知中再一次发现新的主体泛化——"人择原理"。（1986）

历史唯物主义揭示的社会历史规律并不是斯密的"看不见的手"的永恒化。马克思在特定的含义上使用"自然历史过程"一词时，是特指一定的社会历史现象。在这个意义上，社会历史中出现的"自然规律"恰恰是要被扬弃的，"经济人"和"看不见的手"正是要被否定的。（1986）

科学理论框架的**超前度**，这也会是一个历史性的变量：在早期的神话中，有幻象式的想象；在实验科学的假说中，呈现出有限的超前度。这基于一定历史条件下实践格局的能动性，这是一种系统的有序性增长。（1986）

传统认识论关注了符合外部对象的认知，实用主义发现了效用性的"价值真理"，而马斯洛则要找到"满足了市民价值之后的客观价值"，上帝般的高峰体验中的认知。超出真善美的综合价值。（1987）

超出先验构架的非框架认知，"儿童般的第一次看见"：感知原本的"它"，不去建构它，不组织它，不归类，不整合识别，不采用范式，而接受它的全部。（1987）

胡塞尔现象学是最早意识到背景规制作用的哲学，"还原""悬置"（加括号）都是排除背景框架之意。（1987）

狭义历史唯物主义反映了资本主义社会的规律，而不是永恒有效的，夸大这一点，正是第二国际的错误。（1987）

除去理论框架的支配作用，还应该关注个人主体能动的意向性，在现实生活中，则会是实践格局总体制约下，个人主体超出实践结构的创造性。（1988）

逻辑不是对外部事物的反映，而是主体性思维运演的积淀。精神结构不等于客体的结构，而不过是人在实践中形成的能够较好地作用和认知对象的工具。（1988）

我的观点应该是"科学人本主义"，科学与价值的融合是基础，实践格局是科学维度，而实践本位则是主体性的——人的科学历史本位。（1988）

知识中当然内含着非主体的客观因素，这主要是指对离开人而存在和自行运转的自然物质的特性和运动机制的摄取，可这种摄取必然会受到以人的利益为核心

的实践性主体操作和主观框架的影响。知识中的主体逻辑结构主要不是来自客体，而是基于社会实践主体的活动结构。（1988）

中国古代哲学中的"气"，并非真的是物性之气，而为交感之气，这种气是佛、道之气。（1988）

中国文化的特质是力求完美，中庸之道在于不走极端，所以会生成一种内循环的框架，如果没有缺点，就很难向前了，而西方文化总是以"片面的深刻性"（孙伯鍨语）出场的，内嵌错误才有可能向前，现在情形却是，已经错了，还不承认，就更错。（1988）

今天的道路中，异化是向前的，人本主义是反动的。划掉海德格尔，写上波普尔的意义就在此。（1988）

工具是一种形式，是实践格局的物化，是物的形式表现出来的活动结构，一种生产方式的实物呈现。（1988）

科学实践不仅仅是意识活动，它是实践行为的一种操作性替代。在一定的意义上，是比实物性的行为要更重要的实践。（1988）

中国传统文化的表层话语似乎已经丧失了，但它的深层心理结构仍然在起作用。这是由实践格局决定的内在隐性范式。（1988）

文化心理结构的现实对应是一定实践格局制约下的**惯性行为系统**。这种惯性行为系统，是创造性实践生成功能结构后的非主动性行为，一种重复性、自动性行为系统。生活中的习惯，实践中的惯性实践。（1988）

惯性实践结构与**隐性文化心态圈**的有序关联。（1988）

隐性文化心态圈与实践格局历史变迁的关系是复杂的。当一定的社会实践格局发生整体变化时，文化心态圈的硬核也必然发生改变。可是，这种改变的方式是多样性的。比如，它不一定是强制性的突变，也可以通过软性的泛文化现象。比如西方的基督教在宗教改革之后，逐渐软化为一种仍然对生活产生影响的泛文化现象，这与中世纪的神学宗法强制是根本不同的。当然，隐性文化心态圈也可采取表里分离的方式，比如中国的社会变革迫使文化表层的话语方式实现了强制性的改变，但隐性文化心态圈的硬核却留存下来，虽然它不再直接显露在文化表层，但仍然是生活心态的隐性结构。（1988）

解释即历史。（1988）

马克思所说的以前社会留下的生产力条件制约之后社会的存在与发展，这是实践格局中的"前结构"，这是康德先天综合判断这种前理解的基础。（1988）

解释就是一种结构性的整合：整体匹配，即按照某种"先在结构"（期待结构）来整合。（1988）

应该重视功能概念。生产力即生产的功能程度，生产关系也有一定的功能质。功能质是由系统功能决定的。（1988）

精神基于大脑物质功能的集合，但它并不等于中枢神经的功能，意识现象不是实体，它不实存于任何地方。一个普通的概念可由几百万神经元组成，但它并不是神经元。（1988）

突现是指某种聚合所形成的原层次不具有的属性。
（1988）

实践功能度是实践格局的功能有序性，是主体行为方式的根本质点，即什么程度上变革对象的历史性的生产力水平。实践功能度是人的认知能力的直接对应基点。（1988）

社会有序性是由生产实践创化的，人类社会的发展是实践负熵增加的结果。社会有序性是人透视世界的基点。（1988）

信息不是物，也不是精神，却是体现在二者中实质性的功能规定。信息结构是让实践格局和理论框架成为定在的东西。（1988）

意识是人脑物性机制之上的一个突变和**突现**。这是一种新的非物质的"场存在"。（1988）

突现出来的意识现象的场存在方式：经验统觉中的感知场和心理场；观念与道德层面上的思维场境和伦理隐存在；美学与宗教意义的意境或意义场。（1988）

实践有序性有时是与"人性"反向的，所以有异化。（1988）

科学异化：假想在科学实验和研究中将科学家个人的因素排除出去。（1988）

意会认知是一种心领神会却无法以言语表达出来的认知活动。（1989）

波兰尼是科学人本主义中的胡塞尔。（1989）

意会意义是一种**接合**意义，即突现的整体场意义，一旦解构，整体场则消逝。（1989）

接合意义中的意会结构对应实践整合，这是历史活动场境的生成机制。（1989）

实践信息是社会历史定向有序性的动因。（1989）

社会历史中的有序与无序是由实践信息特定编码决定的。（1989）

人首先是做，才有思。费尔巴哈的"我欲故我在"应为"我实践故我在"。（1998）

实践负熵有不同的历史意义。通常实践负熵为人类一定生活价值取向中的历史有序性，然而在一定时刻，封建专制的有序性却是反动的，而商品市场中的无序却成了新的历史进步。（**1989**）

实践格局中的经济和政治结构是存在异化的。（**1989**）

社会行为的环路：行为的重复导致一定的惯性软框，再由物、经验和理性构架生成外在支点，有如机器生产工序和计算机的软件，放出一定的路线。（**1989**）

我死时，在"碑"上刻上这样一句话：这个人说了不少别人没有讲过的话。（**1989**）

关系本体：元素在与其他元素的关系中获得系统质，实践格局本身就是关系本体，生产力和意识现象也是

关系本体。（1989）

实践格局是人的社会活动动态功能结构，它依托一定的有序社会行为场，由实践负熵生成特定的主观意识有序场境和意义族之境。（1989）

悲苦即人生。（1989）

中国传统文化的本质是**境论**。（1989）

《易经》为人事之道。（1989）

自然有序，知道更多；人有序，利更多。（1989）

一定要有中国哲学的特点，不然就是无特性的。（1989）

理论空间的非广延性，它是由观念操作为博弈和拓扑本质的。（1989）

操作性的理论空间并非三维，而是由无数意识流形体构成的，它具有可折叠性、可遮挡性和交叉性。（1989）

感性的体验空间通常是由感知格式塔构成的。（1989）

中国式的体验空间的本体是**境**、**象**、**意**、**场**。其中会有艺术中的意会-体知、美术中的形象-意象、中医中的切问-脉象。（1989）

认识的本质不仅是反映也是塑造，认识中内含的独创性通常会是对实践运演的替代，可认识的审美特征则未必出自实践。（1989）

实践格局往往是支配实践的东西，历史的意义却在于打破格局的制约。（1989）

现实的人的关系场之上，生成特定的动态结构和系统质，这是一个时期意识场的现实基础。（1989）

实践格局是社会生活的**先在**结构。（1989）

境，意识活动的最高层。一首阿赫玛托娃的诗，一张凡·高的油画，一个格式塔的情境，一个禅宗的公案，艺术之像和生活场景的核心之处都为境。（1989）

要从诠释别人的窘境中走出来，真正形成自己的看法。与大师对话的目的，是要找到一个全新的角度观察世界。（1989）

格局是境：它制约人，但也生成主体之境；它不仅是人的受动，也是主体性的存在，境是在，是创化，要在境之化石背后找到境之绵延。这是**场境论哲学**。（1989）

人的存在本质为境，这是社会生活超出自然的最后质点。（1989）

境无显构，无形，非实体。（1989）

境不是镜，不是反射，镜有像，但无境。（1989）

社会场境、情境、心理场境、音乐之境、诗之意境就是主体存在和精神世界本身。（1989）

境是佛之空无，神学之境为幻境，真实希望是前境。（1989）

境会异化。（1989）

构境论。（1989）

佛禅的道场之境：处处是道场，步步起清风。道在做中。日本人的茶道和花道是禅境的生活升华。（1989）

科学发明活动并不创造发明世界，而只是创造了一种建构世界的新方式。（1989）

镜是站在对象对面的外力和观望，而构境是与对象的同一和对自我的映射，我在其中，意识是构境的条件之一。有构境也会有**解构和破境**，这是接合意义的消散。（1989）

禅语中"不立文字，直指人心""拈花微笑间"，是一

种超越物我的澄明宁静、大彻大悟的心灵境界。（1989）

一默如雷的内省之境。（1989）

物我两忘中的"不雨花犹落，无风絮自飞"。（1989）

"菩提本无树，明镜亦非台，本来无一物，何处惹尘埃。"**无物碎镜**的佛禅之境。（1989）

"芭蕉叶上无愁雨，自是多情听断肠。"由物及心的伤感情境。（1989）

电影是场境艺术的最佳表现方式。（1989）

实践格局的**石化**问题：建构活动不会石化，境只是建构活动本身的场境映现。（1989）

感觉不是对象本身特性的直现，而是人对事物作用方式的经验结果。（1989）

哲学文章应该摆脱那种死板的面孔，文字可以活泼一些。（1989）

构境：带结构的创造活动中的场境突现。（1989）

嵌合，将一个要素或子系统嵌入一个整体结构中去。（1989）

"春花秋月，日日都是好日；扬眉瞬目，头头皆是佛道。"这是禅境中"平常心是道""随处作主，立处皆真"在日常生活中的体验构境。（1989）

客观化即无穷**退后**，必须永远站在后面，逃避"领会"，真我之境才会呈现。（1989）。

错误是历史的一部分。实践之错，不是伦理价值判断中的"好坏"，而是必然发生的**历史之错**。（1989）

太极图中的阴阳互补、动静相渗之境。（1989）

客观世界也有"坏"，应该看到社会实践中**伪实践**成分。（1989）

构境整体是一个**边界模糊**的空间场境。（1989）

留心实践格局中人性的光辉。（1989）

一个逻辑链：康德的"自然意图"、斯密的"看不见的手"、黑格尔的"理性的狡计"、马克思的"自然

历史过程"中的"似自然性"、弗洛姆的"社会无意识"。（1989）

波兰尼的"突现"是一种新的存在，而不是新的实体。（1989）

活动的哲学意义：生命在于运动，社会没有生产活动，就会丧失存在的条件，认识的本质在于摄悟活动。（1989）

逻辑链：马克思的"劳动-生产"；海德格尔的"存在"；柏格森的"绵延"；怀特海的"过程"；叔本华、尼采的"意志冲动"；弗洛伊德的"力比多"；波兰尼的"接合-默知"。（1989）

社会有序性不是负熵，而是**反熵**。（1990）

创序是一切生命的本质。从有序性到构境。（1990）

唯心主义在未来是要"胜利"的，人的信息社会中，物质系统是内在的前提，但观念驱动一切。在那里，实践格局将以科学技术结构表现出来。（1990）

构境：人类生存的本质。（1990）

构境是有一定结构的场景呈现整合。（1990）

实践构序决定思维的有序之境。（1990）

白色、灰色和黑色，都是相对于主体而言的。（1990）

原始部族生活中的"对抗性矛盾"：人与可杀戮的族外"非人"。（1990）

应该区分**广义与狭义**的历史唯物主义理论。（1990）

客体间协同产生的耦合功能在客体关联断裂时即刻消散。（1994）

工具理性是隐性支配实现的构架。（1994）

从物役性到自役性：当代资产阶级社会的支配关系是自我施加的异化。（1994）

反对知识的先在结构：人们必须从强加于他们的知识和权威中解放出来。（1994）

生产构序就是将社会生活中的熵耗散掉，在历史生存的斜坡上，人不生产，社会则亡。（1994）

社会发展的方向是不断增加复杂的有序性。（1994）

易经中的八卦关系场境可有千万种可能，这是一种高度可塑性的作用势境。（1994）

人脑中的神经元网络只是意识发生的硬件条件，神经元之间的突触关联产生的**突现场境**才是意识现象的本质。（1994）

认识一个对象，不是站在对面"反映"它，而要成为它的存在，因为只有在内居式的共振关系中才能真正认识它。（1994）

长久以来，人类的理性主义都是基于左脑的开发，计算机技术也只是替代了左脑的部分功能，而真正的文化革命会从右脑的驱动开始：非话语的思。（1994）

右脑意会做，左脑理性说。（1994）

充满非理性的幻觉式表象的梦境基于右脑，梦醒时分理性的左脑意识被激活。（1994）

实践不仅有工具性，也有至善的表现性。生产的工艺和实用，目的还是人的生命完满实现。但人首先要摆脱现实中的奴役关系，才能实现自由和表现。（1994）

西田的"场所"——无的逻辑，这个场所是"无"，不是实在的东西，而是关系构境。（1994）

构境也是"在场"，是主体与客体的相互设定。（1994）

社会生存层级：体（东西）—事件（动态过程）—场（功能整合的关系系统）—构境（主体的能动生

存）。（1994）

醉酒的狂乱可以暂时地抹杀自我，但酒醒之后仍然会是冰冷的现实。（1994）

构境论应该放弃那种征服和主人式的心态，而建立一种非占有、非支配的价值取向。它反对被支配关系，也不主张相反的支配主义，而力图维护一种互动式的生存论。（1994）

话语是一种隐匿在不同群体间言语、思想和行为方式中的潜在逻辑。它是人在特定社会历史条件下，决定了人说什么和怎样说的隐性制约机制。（1994）

话语由符号构成，但它实际运作起来，会比符号"更多"。（1994）

福柯："无意识的话语"。一切主体在进行思想、言说、观察和行动之前，已经有一种无主体的知识结构在起作用，这是一种外在于个体的"秩序"。（1994）

主体是一种境遇。（1994）

社会生活中可能出现的**伪实在**。从伪实践到伪话语，人自身人格层面上呈现出来的虚伪化表象。（1994）

宏观的历史唯物主义需要一种微观存在论的基础，认识论也要走向微观机制的研究。（1994）

到霍克海默和阿多诺，异化批判话语发生了逆转：从人被支配到人支配物的非法性。第一次拷问培根对拷问自然的"主人"姿态：支配物且被物支配。（1994）

人不可能不控制自然，关键是如何控制。反对占有式的人类中心主义有合理性，但绝不可能不以人为中心，人与自然的和谐关系最终还是为了人。（1994）

人开始是逃离自然的统治，然后在支配自然中遭遇"第二自然"的支配。（1994）

控制自然的矛盾：进步也是退步的根源。（1994）

东方文化中的道法自然和天人合一，实质上是自然的非对象化，在这一点上，与自古希腊开始的物性逻辑是不同的。（1994）

一定时代中居统治地位的话语是社会权力话语。（1994）

非支配：人本主义批判之剑的逻辑倒刺。（1994）

知不是占有真理，而是穿透表面现象，批判地、积极地接近真理。（1994）

实践格局是由人的活动建构起来的，但人既是编剧、导演、演员，又是观众。（1994）

认知结构其实是一个复杂的循环系统。（1994）

马克思在"人类学笔记"中多用"实践"，因为在远古时代中，还没有现代意义上的生产。（1994）

构境是一种生存方式。（1994）

人永远无法摆脱历史生成的存在论上的先在性。（1994）

心灵不会是文化处女，认知不可能由一个空白的主体

来完成。（1994）

永远不可能发现及完整地重现作者的原意。（1994）

诠释关系中的作者是沉默的。（1994）

一种学说在上升期里总是带有征服性的，而当它开始趋于精致化时，已经是感到自身的危机和衰落了。（1994）

教育的本质在于将每个人的长处和天资发挥出来。（1994）

少建构，多读书。（1994）

恋人恰恰是无结构的**湍流**。（1994）

剪不断，理还乱。爱情不能变成理念，它只能是一种情爱冲动中的感受。（1994）

让文本从词的物理状态中解放出来，成为一种当代的存在。（1994）

写东西必须注意读者的接受维度，要学会用期待视野言说。"新"，必须能够被接受。（1994）

无产阶级意识全面性的现实基础：无财产——唯一不属于物的阶级。而占有物的人，多少都会有不愿看到或者装作看不到的东西。（1994）

广告中的Logo，在名牌中，物消逝。人们消费品牌。（1994）

认真读书，少发议论。（1994）

写哲学书，要从身边的直接性（生活的感、知、境）开始。（1994）

人们容易遗忘"构"，而专注于对象性的"什么"。（1994）

海德格尔的存在，就是人的"做"。这不仅是物质性的改造，而且包含了一切有意向性、指向对象的生成。它不是固定的、实体性的本质，而是一种动态的功能结构。（1994）

海德格尔离马克思是很近的。他的"存在"，在马克思那里的第一次出场叫"实践"。（1994）

实践是发生着的事情。构境不是一个东西，而是一个动态的生存。（1994）

海德格尔是最大的"深度模式"。（1994）

只有当熟知对象重新陌生，才唤起我们的惊异，才有新的"为什么"。（1994）

从康德、胡塞尔的认知图景中的"现象界"到海德格尔的"交道世界"，是一个巨大的掘进。（1994）

上手器具之间的总体性不是客观自身的关系，而是人活动其中而生成的关系。（1994）

常人不是我之外的其余的人，而就是我的一种非"是"的状态。（1994）

境作为关系群，是物我一体的突现场境。（1994）

发现和解蔽是一种新的遮蔽。（1994）

科学不思。（1994）

诗不是作出来的，而是"涌现"。（1994）

异化的不同层级：**物役性、众役性到自拘性**。（1994）

社会历史过程中的基础和主导因素：物与做。一般物质生产基础与主导性创化力量。主导性关系总是以人的自由、主创性活动为指向的，它基于物性基础，但也历史性地改变基础。（1994）

"从不是中求真"，阿多诺是解构理论的初始。（1994）

阿多诺是后现代思潮的开山鼻祖。（1994）

表达不可表达的东西，这是中国哲学和波兰尼意会哲学共有的品质。（1994）

批判概念拜物教：一切概念都是从对自然的支配需要开始的。（1994）

不言爱的爱，非强制的絮语，自发性是爱情中最高级的自由状态。（1994）

哲学不应该都是一本正经的说教，它应该内嵌轻松的玩笑因素。（1994）

与异质性的东西相关联，应成为哲学之思的主旋律。（1994）

夸大地说出深奥的观点，不会使思想更深奥。（1994）

体系化只能表明学者的胸襟狭窄。（1994）

哲学要有一种震惊感，不被框住的否定性。（1994）

哲学答案不是既定的，不是做出的，它们是在展开的透明问题中的突变。（1994）

上帝不是他，而就是你。（1994）

不同于自在场关系，自为关系为境。（1994）

我们遭遇后现代文化，却在现实中挣扎于走向现代性的矛盾。（1994）

实践辩证法：一个"上手"状态的逻辑。（1994）

上帝是精神存在对物役性的否定，而资产阶级则再一次肯定了人的自然存在中的物欲，并使它成为合法化的社会生活基础。（1994）

写作本身是一种悟。（1994）

马尔库塞的"单向度"并非人的主体少了否定一维，而是当人颠倒为客体时，只有同一于体系的肯定一维。（1994）

构境是从物性场而来的交感之境，这是一个无中心的瞬间发生和消逝的过程。（1994）

后现代中的零度是压迫性深度的解除，这里的平面是真实地平的浮现。（1994）

学术写作并非生产真理，而是要生成令人激动的东西。（1994）

实践是一个滚动的支点。（1994）

话语对应了实践交往，话语的对话性交互功能在于反对静止的镜式反映构架。（1994）

后现代不是"主义"，"主义"已经是基础本质论的系统。（1994）

特定话语的背后，总体现着特定时期中的"群体共识"。（1994）

表面平和的话语不起眼，但支配人。（1994）

使用一种话语，则进入一种圈子。（1994）

权力的获得是以某种屈从为代价的。（1994）

权力即关系，被奴役的对象消失，权力则消逝。（1994）

禁果只能偷吃。禁止的诡计：不让看会是让它更加散播的手段。（1994）

"可操作"是一个工具理性的诡计，是为了让物与人被编入机器系统。（1994）

物质生产是实践之梯的底层。（1994）

"太阳升起"对现代天文学是无意义的，但它对日常生活中的人是有意义的。这就像禅境是远离实证科学的，可它却是人的精神世界中的深境。（1994）

佛是康德意义上的"自在之物"。（1994）

"主义"是一种哲学病。"境"不生产绝对真理，而不过是思想游戏中的一种。（1994）

人类的认识还是在走向"真"，但这肯定不是绝对正确，而是实践的历史之"真"和"善"。（1994）

要看到观察中的自己。（1994）

后现代的无底棋盘是荒谬的，人类社会生活如果没有物质生产这个底盘，人就会没有生活的着落，马克思

的历史唯物主义是坚持了物质生产与再生产这一"有底盘"的功能稳态。（1994）

当人逃不出科学的栅栏生成的符码之役时，只有一个出路：发疯。（1994）

自然物役性中是外部力量对人的支配，而经济物役性中已经是关系对人的统治。（1994）

意识形态批判是马克思异化认识的一个部分。（1994）

不可能没有"应该"，而要可能的"应该"；

不可能没有"中心"，而要关注边缘；

不可能没有逻各斯，而要拒绝"主义"；

不可能没有工具理性，而要防止工具压迫；

不可能没有"结构"，而不必凝固；

不可能没有言传知识，而要关注缄默意会；

不可能没有先见，而要留心其历史性。（1994）

对于现实的败坏，仅靠骂是无用的。（1994）

知识的通货膨胀会让人在成为"富翁"的同时一贫如洗。（1994）

一个好的文本是开放性的，它总是在邀请对话者；而封闭的文本从一开始就是死去的。（1994）

看清眼睫毛。追问熟知中的不知。（1994）

陌生化就是指通过艺术的手法，使我们日常生活中已经麻木的经验重新鲜活起来。（1994）

诗性即艺术关系中意义、情感交流的构境。（1994）

人生是一种电影般精心组织的结果。（1994）

境消失于人们睡着的时候，而醒来时则会从最简单的知觉开始重建。（1994）

人的生存中的多层复杂构境：不断地进入和退出，游移于不同构境层。（1994）

今天的镜像成了屏幕。（1994）

在社会历史发展的垂直面上，物质生产永远是一般的基础，而在动力学的流动面上，主导性的中心却是变动不居的。（1994）

关系情境总是隐匿于背景之中，当我们行动和思考时，它已经加入了。（1994）

新女权主义的革命对象是**隐性**文化奴役。（1994）

现实世界是由男性话语构成的。（1994）

"存在"已经通过技术构序世界，技术从手段转换为生命场境涌现的方式。（1994）

培根的"拷问"自然，康德的自然"呈现"，海德格尔的自然之"涌现"。（1994）

过去，人们可以"从田野的百合花中认出上帝"，而现在一切都是技术交往构成的视界，后面空无一物。（1994）

生命场境的诗性"多于"，异质于系统整体"大于"部分之和。（1994）

马克思学说中的诗性。（1994）

吃饱饭的自戮与饿饭的自戮的意义是不同的。〔1994〕

道德指手画脚的时代让位于不近人情的法。（1994）

韦伯形式合理性的基础是非人为和似自然性。（1994）

合法权威：乐于给予的服从。（1994）

新教的警句："酒肉穿肠过，佛祖心中留"。（1994）

韦伯从新康德主义出发：现象就是本质，它背后空无

一物。（1994）

不得不进入的物化进程。（1994）

斯密的"看不见的手"仍然是人手，只不再是个人之手，而是人为的非人为力量。（1994）

韦伯与海德格尔：一正一反地从批判生产力开始。（1994）

弗洛伊德的压抑与生产关系无直接关联，文明即压抑。（1994）

海德格尔是在人类的物足之后的自返。（1994）

人通过技术成为真神。（1994）

充当爬虫的哲学意义：人成为技术的爬虫是内在的。
（1994）

存在论上的一目了然：只通过技术一目看世界。（1994）

技术独眼龙。（1994）

自在自然→人化亚自然→社会历史中的似自然→生态伦理中的合自然性。（1994）

前现代中图腾的自然神是主体，现代性中人才成为支配自然的主体。（1994）

所有的精神文化都是非物境，诗是超越物性的召唤，音乐更是无字诗境。（1994）

诗意的栖居是吃得很饱后的事情。（1994）

中国传统文化要从自己的"拉丁文"中挣脱出来，典籍要与当下生活一致。（1994）

康德埋怨我们迷失在手段性的现象界中，目的被放到了善和美中；而韦伯则论证了资本主义就是手段的王国，只有在趋向目的的价值合理性消失之后，才会有法理型世界。（1994）

韦伯是从马克思那句"物质生产成为目的，手段就是一切"的异化批判开始的，只是将其从正面论证了。（1995）

不要玩弄后现代的词句，而是要思考其与现实生活的关系。（1995）

哲学教学是引上一条路。（1995）

海德格尔哲学是一种西方物性文化悖反的思路，是对东方体知文化的接近。但不再是人伦，也不是浪漫主义，历史的存在者化是必然，异化是命运，技术是本质的展现方式。（1995）

思即供奉，不是认知，而是畏惧中的看护。（1995）

不必不认真研究他人，用"唯心"和"反动"来拒绝外部世界是可笑的。在批判别人之前，有没有真的读懂？实际上，不可能没有人比马克思更高明，因为如果那样，思想史就真的终结了。这恰恰是反马克思主义的。马克思给了我们科学方法论，是想让我们在实践中进一步发展它，而不是将其畸变为僵死的木乃伊。（1995）

真理与非真理的辩证法："正确"只是在错误中显露出来。（1995）

韦伯是通过祛魅而论证"世俗世界"，可他会比海德格尔更痛苦，因为打倒了人神之后，没有了灵魂的铁笼中不再有乡愁。无家可归成了命运。（1995）

广告是无意识的药丸。（1995）

泥土中国本就是无序，现代化是工业理性构序，因此后现代只会与宗法的无序联姻。（1995）

只有在商品经济和科学理性之下，才会出现心甘情愿的奴隶。（1995）

境是无中心无中轴的，也无边缘。（1995）

市场之场境是**共在**的异化。（1995）

用聚光灯照在常人和平常物上，使之光亮、突显和光彩夺目起来。（1995）

对马克思的理解，不是要停留于"什么"的结论上，而是要思考功能方法论意义上的"是"本身。（1995）

方法论是基于客体向度的，但不能丢掉批判性。（1995）

构境的非线性，一种弥散性的共振场。（1996）

"太监般的客观性"，似乎在不介入、不插手的反映中纯粹地观看对象，这是一种虚假的认识论天真。（1996）

"造反有理"：可农民的造反与后现代的造反是不同

的。（1996）

韦伯将康德的"实证"现象界本体论化了。人的无家可归是从这里开始的，物在大踏步地前进。资本主义是物（存在者）的王国，它用工具和形式代替了劳动。形式合理性是反人（浪漫主义＋价值）的工具理性的客观进程。（1996）

市民：市场中介了的个人，独立而不自由，有教养而从众，法人主体而实质上不平等。（1996）

父权制隐性奴役关系中按照谎言生活的女性。（1996）

经济力量只是一定历史发展时期中市民社会的特定活动网络，它只是一定历史条件下的主导因素，而非永恒的决定性力量。（1996）

使人的生活成为诗。（1996）

在一个物欲横流的时代，诗人是必死的。（1996）

从"道法自然"和"天人合一"走向主客二分的物性财富积累，这是趋向现代性中自觉地铸造金属世界的必然，但应该为诗意的东西留些圣地。（1996）

艺术的本质在于废止现实世界。（1996）

当古老的神话消失了，又没有一种新的生活意义和价值，人的生存会更加糟糕。（1996）

与马克思的现实扬弃异化不同，浪漫主义的"化蝶"是人从物性的茧中挣脱出来，飞向诗境中的自由。（1996）

肚子之世，思想无居所。（1996）

科学无思，这样才能进入对象，在其中安居乐业。
（1996）

Dasein 之 Da，历史性的此时此地：黑格尔的"定在"、马克思的"一定的社会存在"、海德格尔的"此在"。（1996）

近代浪漫主义是人本主义一种十分重要的呈现方式。不是理性骨头，而是肉身在言说。在马克思的一生中，浪漫精神从来没有消失。这是一种人类的崇高情感。（1996）

大生产中的资本模式：生产至上，驱金不止，表象唯一。（1996）

技术不再是用在性，而成了与钱相关的发明之好。（1996）

非主体的技术自动化会是市场自发性的一种升格。（1996）

马克思原来指认资本驱金的"贪得无厌"，而今天的技术也是发明上的永无止境。（1996）

无意义成为统治。（1996）

不可能否定"人类中心主义"，而可以拒斥人类帝国主义中人对自然的霸权。（1996）

电视比电影优越的地方：家中发生的意识形态化。（1996）

看电影中的"反打"——看镜头，突然觉识"谁在编故事"。应该关注讲课和写作中的"看镜头"。（1996）

亚当和夏娃吃智慧果，已经隐喻了知识就是力量。原罪缘起于知，于是世俗受罪。（1996）

构境的物化则有格局。（1996）

注意迷信体验中的伪境。（1996）

讲课的要义：从学生的心底唤出"你在这儿"的现场感。（1996）

写作是为了"不死"。（1996）

福柯的可贵，在于他扎实的微观社会批判力＋根本的

不妥协＋永远的独特创新。（1996）

构境会在每个人早上起床时开始重启：知觉和记忆的回复和重建，思想框架的启动。（1996）

非人为的客观自组织是不可反抗的。（1996）

构境是人类独有的存在层面，自组织系统在人的生存中只是较低层级的东西。（1996）

哲学没有线性进步的特征，所以不能说，我们**超过了**柏拉图。（1996）

《死亡诗社》：诗人必死。（1996）

史料只有被重新构境才是鲜活的。（1996）

私人笔记本中的干花瓣：每一物都有一个逝去的构境。（1996）

"思即供奉"：学问永远是一种如履薄冰之境。（1996）

思想史，甚至一切历史研究，都会是在史学家心灵中重演的过去思想。（1996）

阿多诺实际上是从马克思的资本逻辑批判出发的，在商品交换的经济王国中，交换价值的同一性规制了概念的同一性。文化可以拒绝，而涉及人的直接需要的商品和金钱是无法拒绝的。这是一种很深的强暴性。（1996）

市场经济中人们喜爱的那条从伊甸园翻滚下来的"蛇"，已经成为隐性的匿名权力。（1996）

否定人本主义的异化史观，而不是否定异化范畴，这一范畴在社会生活中，特别是在意识、心理倒错关系的透视中是有用的工具。（1996）

恩格斯在 1845 年写下的《英国工人阶级状况》，已经是从另一条道路实现的一个历史**唯物**主义，而不是**历史**唯物主义。（1996）

人与自然的关系不仅仅是天然自然，还有人与社会历史中"自然"的复杂关系。（1996）

斯密《国富论》中财富源于劳动活动的观点，应该是马克思《关于费尔巴哈的提纲》中透视旧唯物主义的来源。（1996）

生产不创造物质，但创造效用。（1996）

马克思哲学的研究者，应该了解一些经济学，这当然是古典经济学，而非现代资产阶级经济学。（1996）

自由王国中的劳动，不再是功利性的谋生的需要，而是真正的"自主活动"。（1996）

马克思使用了"基础"，而不是"经济基础"，因为经济现象并非永恒，原始社会就没有经济基础。（1996）

旧唯物主义与马克思实践唯物主义的差异，在现实基础上是农业生产和工业生产的区别。（1996）

劳动异化的概念与后来出卖劳动商品一样是不科学的，实际上是劳动能力的"异化"，劳动是劳动力的运用。（1996）

欧美的干净漂亮，是因为把不环保的工业转移到第三世界国家去了。（1996）

颠倒的世界的复杂性：

柏拉图的洞喻说——理念与幻象的颠倒；

康德的哥白尼革命——现象界与自在之物的颠倒；

黑格尔的精神现象学——物象与观念的颠倒；

费尔巴哈的唯物主义——自然与观念、上帝与人的颠倒；

马克思的新世界观——实践中介的颠倒、经济拜物教的颠倒。（1996）

广义历史唯物主义不是在《德意志意识形态》中完成的，而是在《致安年柯夫的信》和《哲学的贫困》中完成的。（1996）

埃利亚学派是从感性现象的"多"到存在观念的"一"，

而在商品交换中，产品的物性是"多"，而货币是"一"。（1996）

费尔巴哈是从黑格尔的绝对观念（大写的"一"）到类本质（大写的"一"）。马克思恰恰是从"一"（类本质）到"多"（"一定的存在"、现实的个人）。海德格尔的"此在"也是如此。（1996）

马克思的第二个伟大发现，缘起于哲学革命中的"一定的"历史性，这使他在一切细节上超越古典经济学。（1996）

古典经济学天然就是历史**唯物主义**，而马克思的**历史**唯物主义的本质是"一定的"。（1996）

价值（等价物）关系从商品交换中现实抽象出来，这

是现代性所实现的"类"。（1996）

神性天国中上帝的"一"，在今天是由资本（普照的光）在经济的世界历史中实现的。（1996）

这个抽象的价值关系的实体化——货币，成为一种支配物的"物"。这才是狭义历史唯物主义中那个难以理解的"物"。（1996）

与黄金等值的美元成为到处流通兑现的"硬通货"，这是现实帝国主义霸权的现实基础。（1996）

英文的通用性与文化后殖民的内在勾连。（1996）

后现代思潮抵制"一"（本质主义），却架空了现实生活中的主导性关系，观念本质主义的现实基础，是

资本的国际化布展。（**1996**）

《德意志意识形态》中的"世界历史"，只有在弄清了商品交换—价值关系—颠倒的货币—资本（世界性的"以太"）之后才能被真正理解。需要注意的是，这个资本的世界历史，恰恰是西方中心主义的殖民性。（**1996**）

信息的"以太"成为价值关系物的新形式。（**1996**）

应该关注政治经济学的当代思考：《金融资本》→《垄断资本》→《垄断资本与劳动》→《晚期资本主义》。（**1996**）

三五牌香烟的广告：印在地球上的三五牌香烟，这是殖民之构境，人们向天上看去，三五牌香烟像太阳升起般地飞向我们，普照大地，世界人民心中的太阳。
（1996）

马克思历史唯物主义中的"一定的历史条件"——Dasein（定在），与海德格尔在世之中的 Dasein（此在）是一致的。（1996）

构境的一定性。（1996）

马克思在科学性上肯定李嘉图，反对一切主观伤感（斯密、西斯蒙第）。（1996）

在马克思留下的笔记中，没有西斯蒙第、蒲鲁东和赫斯，原因可能是熟知。（1996）

《1844 年经济学哲学手稿》时期，马克思反复做关

于黑格尔的"现象学笔记",是因为费尔巴哈不值得认真对待。（1996）

广告利用虚幻的构境来支配无意识：三五牌香烟的"金色全球"，万宝路（中文译得精彩）的"万马奔腾"，Kin（剑）与"高生存"，可口可乐的"挡不住"。（1996）

马克思的资本批判，是对颠倒的人的本质的科学描述和批判。资本不是物，而是人的关系。（1996）

恰恰由于商品才打开了世界，有交换价值才有人类社会生存的高级阶段，一种时空展开的世界历史，但这是一种颠倒的人类历史，人的关系采取了物的发展形式：金的世界。（1996）

价值硬通货是真正的非观念的"一",是那个原来虚幻上帝的实现。(1996)

价值实体(商品、货币和资本)是物,却是历史唯物主义中最难理解的物。(1996)

关系是一种构境,资本是一种颠倒后的幻境,意识形态是对关系的幻象表征。(1996)

广义历史唯物主义是对人类社会的总看法和一般基础的说明;狭义历史唯物主义则是资本主义社会"物化"的唯物主义历史观。(1996)

黑格尔最先解读出斯密和李嘉图的秘密。他的绝对观念的基底是资本(价值实体),在资本主义生产中,创造出一个全面、丰富的体系,人的"类本质"在价

值交换的普遍性中，才出现真正的全面性。这都是以物的形式出现和实现的。（1997）

韦伯正是将马克思在狭义历史唯物主义中批判的东西倒过来正面肯定了。（1997）

《回到马克思：经济学语境中的哲学话语》。（1997）

《1857—1858 年经济学手稿》是马克思的资本主义生产的"现象学"。在这里，他一层层剥去资产阶级的平等交换、再生产的现象，使本质呈现出来。（1997）

狭义历史唯物主义是批判的唯物主义，而非实证的学说。（1997）

"资本"是异化了的交往关系，这里，颠倒的结构成

了主体。（1997）

构境有历史性，社会生活中即构即逝的场境，总是一定历史条件下的产物。（1997）

在政治经济学语境中，资产阶级认为是正常和客观的事情，马克思则发现了非常、异化和颠倒，没有历史辩证法和无产阶级解放的内在话语，是无法达及这一批判的。（1997）

《1857—1858年经济学手稿》中异化的发生，不再相对于"应该"，而相对于封建社会和以前社会生活中的"先有"，而共产主义的"后有"则成了客观可能性。相对于先有，异化本身是物和人的进步，而相对于后有，则会是奴役和对抗性的历史形式。（1997）

黑格尔的颠倒恰恰是资本主义社会颠倒的真实描述，在这个意义上，黑格尔倒是唯物主义的。（1997）

资本主义生产关系中的价值–货币–资本是颠倒的二次方：**异化的异化**。（1997）

读马克思的《1857—1858 年经济学手稿》时，应该同时把握当下的思考尺度，不能将狭义历史唯物主义视为不变的高点，它也只是一种阶段性的认识结果。后工业文明中资本的进一步发展，是我们需要重新面对的东西。（1997）

在 1844 年，相对于经济学中的社会唯物主义，青年马克思方法论中的异化史观恰恰是唯心主义的。（1997）

在市场中，原来那个"人人为自己，上帝为大家"，

变成了"人人为自己，市场为大家"。此时，上帝成了金钱和看不见的手——价值规律。（1997）

唯心主义的本质：概念＝关系——人支配外界事物的关系。（1997）

科学即关系：所有公式、公理都是人支配自然的关系。（1997）

海德格尔无法说明"此在去在世"的社会历史性：奴隶之"在"与奴隶主之"在"的不同；工人之"在"与资本家之"在"的不同。（1997）

历史不是现在，所以只能依据物质遗存来重现和构境，这是一切历史都是当代史的意思。（1997）

政治经济学是马克思历史唯物主义构境的真正秘密。
（1997）

狭义历史唯物主义是马克思的思想原创。（1997）

"道路，而非著作"，海德格尔这一表述也应该是我们教学的要义：不是简单地给予结论，而是要启发思想。你自己去想过了吗？（1997）

海德格尔与庄子的构境是诗-思之境，而我的构境则是源于生活实践的。（1997）

海德格尔的小木屋生活，是吃得很饱的"山民"诗意栖居，而不是没有裤子穿的贫穷山民生活。（1997）

厚积薄发：除非对一个思想家有大量的阅读和思想上

的对话，否则不要轻易发议论。（1997）

现象学还原的边界在于，主体必须得有知识性的陈见才可能将括号去除，如果什么都没有，去掉什么呢？比如文盲。（1997）

海德格尔在农鞋、田野中看到的东西，真正的农民和山民是看不到的。这已经是一种高深的思境。（1997）

胡塞尔的现象学与我的构境论是接近的，不同在于他的意识之境与我的生活之境的差异。（1997）

海德格尔是在西方社会的真实进步上意识到一种新的东西，这是一种生存高位上的享乐，而历史并不可用这种东西来替代。（1997）

马克思的历史唯物主义反对一切无时态、无地点的抽象。（1997）

马克思是从物的"什么"转向活动和关系的"怎样"。（1997）

海德格尔的"缘在"世界是由上手关联引出的功能性环顾，而马克思是从劳作和生产的关联中引出"我们周围的世界"。（1997）

上手性的不同断面：人类社会实践方式的"上手性"与个体的劳作上手。（1997）

马克思《评阿·瓦格纳的"政治经济学教科书"》中的语言存在论基础。中国象形文字即存在直接积淀为文字，而非表音文字中那种莫不相干性。（1997）

市民是市场拉平了的"人们"，而奴隶和封建制下的人是不会拉平的。（1997）

大众媒体中拉平了的大众，是一种"合力论"中的麻木性。（1997）

抽象劳动—价值—价值实体（货币）—资本。价值实体中发生的同质化是概念的源发处，劳动的构型积淀在语言中。物的命名缘起于经济的"上手-牵挂"。（1997）

在封建时代，诗人、作家和音乐家通常生活在"保护人"的阴影下，作品多少会受到影响；而现代社会中，则出现了出版商和政府的"委托"和"雇佣"，这是一种新的意识形态装置。（1997）

反对马克思思想史研究中的两种断裂说：一是阿尔都塞式的形而上学"认识论断裂"，二是哲学与经济学的断裂，因为在 1847—1883 年，马克思的哲学深境恰恰是层出不穷的。（1997）

贝多芬和黑格尔的线性独白背后，是工业的逻辑。（1997）

埃利亚学派的"一"通过"绝对存在"趋向中世纪的"上帝"，在工业和市民社会的客观逻辑之上，才有黑格尔的"绝对观念"。（1997）

在《回到马克思》一书中，可以在语境学上提出构境论？双重逻辑→多重线索（复调）→构境论。（1997）

历史唯物主义理解中的一个改变：在《马克思历史辩

证法的主体向度》中，广义历史唯物主义是观察社会生活的客体向度，而狭义历史唯物主义则是主体向度；在《回到马克思》的写作中，广义历史唯物主义是一般社会历史规律的描述，而狭义历史唯物主义则成了面对资本主义特殊历史现象的观点。（1997）

在1845—1847年，马克思恩格斯创立和深化广义历史唯物主义；1857—1858年，马克思独立创立狭义历史唯物主义。在第一个时期，主要是从客体向度思考社会历史发展的一般基础，此时，狭义历史唯物主义只是一种隐性的"物役性"思考逻辑；而在第二个时期，广义历史唯物主义所讨论的一般社会发展基础已经成为前提，马克思主要是从主体向度上批判性地透视资本主义社会发展的特殊规律，并与政治经济学的研究对象相一致。（1997）

黑格尔眼中的市民社会＝盲目的市场合力的必然王国，而国家与法则是趋向计划经济的自由王国。（1997）

黑格尔不是简单地提升了斯密，也批判了斯密。黑格尔用绝对观念抓住了"看不见的手"。他是在市民社会盲目外部力量的经济必然性中，透视出主体的自觉总体，从而趋向自由王国。（1997）

价值关系是背后的东西，它并不直接呈现出来。这是黑格尔那个绝对观念的本质："一"（价值）在"多"（市场竞争中的交换价值）中呈现出来。（1997）

价值是一个平均数，它是恩格斯所指认的那个神奇的"平行四边形"中的合力说的秘密。（1997）

马克思剥去古典经济学中的现成性、天然性和自明性谬误，还原到历史的、现实的、具体的社会关系本质。
（1997）

马克思在《黑格尔法哲学批判》中颠倒黑格尔的国家
与法决定市民社会时，并没有意识到，黑格尔是要用
国家（自觉的计划控制）来消除市场的无政府状态。
这一点，他在《1857—1858 年经济学手稿》中意识
到了。（1997）

从重农学派开始的半截子历史**唯物主义**，即承认社会
生活中出现的不以人的意志为转移的"自然规律"，
这是在资产阶级意识形态限度内的合理性。（1997）

政治经济学中从人的世俗利益出发，关注人与事物之
间因果关系的唯物主义观点，不是自然唯物主义，而
是**社会唯物主义**。（1997）

资本主义社会是一种市场交换中的自发联合，斯密的出发点不是利他，而是经济人的个人私欲，人人为自己，客观上增进整个社会的福利。"看不见的手"是一种自发的神意。（1997）

斯密的世界主义，导向马克思的共产主义"大同"，而李斯特的"特色论"，则通向"十月革命"和中国有特色的社会主义。（1997）

在英国洛克的经验论基础上，古典经济学生成了面对社会客观规律的社会唯物主义。（1997）

《1844年经济学哲学手稿》：抽象的劳动类本质→《关于费尔巴哈的提纲》：物质实践→《德意志意识形态》：物质生产→《1857—1858年经济学手稿》：科学的劳动概念。（1997）

《1844 年经济学哲学手稿》：价值批判；从《德意志意识形态》到《共产党宣言》：科学理论批判；从《1857—1858 年经济学手稿》到《资本论》：现实历史批判。（1997）

生产力，人控制自然的能力→工艺学：分工-协作-技术。（1997）

物质财富：产品的效用（商品的使用价值）——劳动为父，对象为母。"社会财富"："异化的劳动"（类本质）到物化了的劳动交换关系，应该消除的中介关系。（1997）

经济物役性：价值关系形式（假物），不是物质财富，而是关系物。颠倒和硬化的"一"：价值、货币和资本对人的奴役。（1997）

在《1857—1858 年经济学手稿》中，社会表层奴役关系中的"似自然性"和"物役性"第一次得到了透视。（1997）

经济物役性不是真的物对人的奴役，而是社会关系颠倒为"物"对人的奴役。这是历史唯物主义中最难理解的"物"。（1997）

物的依赖性关系中的经济物役性，比起人对人的直接奴役（人对人的依赖关系）是一种历史进步。（1997）

马克思经济拜物教中的物，不是原初意义上的自然物（图腾），而是一种社会关系颠倒和物化了的神秘物。（1997）

资本主义生产方式打破了传统生存的界限，市场的国

际化流通造就了新的生存全面性。（1997）

路德：上帝到人心；新教：天职到生活。资本主义的金钱世界，是上帝的第一次世俗化。（1997）

马克思的价值概念是一个哲学概念。因为它的基础是非直观的社会关系，是形上之物，而经济学语境是"器"。所以马克思的经济学思考是以哲学为内里构架的。（1997）

生产方式、生产关系和生产力都不是直观的物，而是一种社会关系的**现实抽象**。（1997）

黑格尔是将康德的先天构架直接本体论化了，这种个人之外的先在就是客观理性。（1997）

物本身没有抽象，而历史实践有抽象。（1997）

传统社会中个人的生存是"全面的"，而劳动分工之下的个人生存则是"片面"的，社会成为全面的系统。马克思憧憬未来社会中个人生存新的全面发展。（1997）

物的一定的、历史的、暂时的实践形式：一定的**物相**。（1997）

1847 年开始，马克思批判蒲鲁东和李嘉图式的社会主义，因为他们已经是对资产阶级经济关系的"改革"，这是他的第一层目标，更深一层是从《1857—1858 年经济学手稿》开始清算李嘉图。（1997）

1845 年，马克思在曼彻斯特认识到哲学唯物主义 + 社会主义不行，非科学的经济学 + 社会主义也不行，

只有经济学和历史学本身的革命才能趋向科学社会主义。（1997）

应该注意《1844 年经济学哲学手稿》的劳动产品异化与后来的李嘉图式的社会主义的"分配改造论"的隐性关系。（1997）

英国李嘉图式的社会主义是马克思新世界观的来源之一。（1997）

生产关系的再生产：每时每刻的重新建构。因为它们是人们的活动发生的动态关系。这种关系的固定化则生成法律和政治制度。（1997）

构境及其物性附属物。（1997）

与直观的自然存在物不同，作为社会关系场出现的社会存在，及其以物的形式出现的商品、货币和资本，是历史唯物主义中最难理解的"物"。（1997）

抽象的统治：关系不是直观物，只能被抽象出来。在马克思看来，价值关系→观念→物的象征→符号（信用），这真是观念决定论。（1997）

历史唯物主义的物不是自然物，而是社会物，这种社会物主要是活动、关系、过程和规律。实体只是社会生活的承载物。（1997）

狭义历史唯物主义中的抽象统治，是作为抽象之物的关系和规律压迫人。（1997）

一定历史条件下的存在：定在，同海德格尔的"在世

之中"。抽象也是一定的。（1997）

社会基本矛盾应该是人的能力与社会关系的矛盾。因为在远古时代，只存在人的生育能力和自身能力与血缘关系的矛盾；经济的社会形态中出现（农业和工业）物质生产力与经济关系的矛盾；未来社会中是人的全面发展能力与交往关系的矛盾。（1997）

劳动是实践中的创造因素。（1997）

物质生产：有主体意图，由主体劳动发动，经过工具操作共同实现改变物的过程。（1997）

机器已经是一种社会存在。它是一种倍数的耐力系统对主体劳动操作的机械替代。（1997）

机器生产不再是"肉对物",而是"物对物"的改变。
（1997）

商品的效用可见，而价值不可见。（1997）

未来社会中真正的财富将是自由时间。在那里，物质生产不再是目的，劳动不再是谋生的手段，而成为生活的内在前提。在自由时间中人们通过非功用性的艺术、科学和思想活动，实现自身全面发展的创造性。
（1997）

泰勒制→自动化生产→信息技术产业。今天创造财富的决定性劳动是什么？软件设计中的脑力劳动。（1997）

认识论：一是实践中认识自然对象，经过了实践结构的折射；二是对实践结构本身的认识，实践结构不是外部对象，而就是"演员"；三是对社会生活的认识，由于社会生活是由人的活动构成的，因而认识会是复杂的。（**1997**）

个人的认知是在用千百万人的眼睛看，因为个人认知中最简单的直观中都会有习惯、共识、情感和观念等传统因素在起作用。（**1997**）

知的本质是关系。（**1997**）

资本不是物，而是一种关系。其实，人、物、金都是流动的关系。（**1997**）

人是一种关系存在：美国梦中的一夜暴富，从穷人到显贵，他的肉身没变，改变的是社会关系。（**1997**）

现象学透视：如何一层层剥离下来？不是对象物从"外"到"里"的客体结构，也不是意识的隐性机制，而是由人的活动、关系和过程构成的"探真"结构。（1997）

人与物如果脱离社会生活或者社会关系，则会在社会的意义上"死去"。（1997）

社会在夜晚是可以消失的，只剩下物的世界。明天从清晨开始恢复，社会生活每天被建构。（1997）

黑人是奴隶，溥仪是皇帝，是一定社会关系的产物。（1997）

社会生活的复杂性：人、物、物相、外在关系、颠倒了的关系、物化关系。（1997）

社会历史发展中共存的不同生产关系：占支配地位的生产关系与非主导性的生产关系，比如与资本主义生产关系同时存在的封建宗法关系。（1997）

异化的两种状态：**自反性和敌我性**。（1997）

《1844 年经济学哲学手稿》的异化：价值悬设与现实、虚与实的自反。这里的自我异化是从观念中设定的。《1857—1858 年经济学手稿》中的异化：经济现实的自反和敌我性。原来的劳动被物化了，现实地成为统治关系。这是一种历史性的"先有"成为"现有"的统治者。（1997）

资本家拿工人创造的东西与工人平等交换。（1997）

经济拜物教的实质是拜关系教。（1997）

马克思在后来的经济学研究中重新讲到异化，可它不再是逻辑出发点，而是现实的结果。不是异化造成了罪恶，而是工业生产必然发展到"物的依赖性"。（1997）

生产的本质是构序。机器生产所替代的那部分技能是科学技术抽象构序后的对象化。（1997）

资本家除去无偿占有一般的劳动剩余价值，还不费分文地占有了劳动者通过**结合力**创造的财富。（1997）

资本控制下的科学技术是一种异化，因为科技创新不属于科学家和工程师，而是他人的创造性。（1997）

构序主要面对人与自然，而构境则是人对人的关系。境是主体性的，有情感的，有不可替代的东西。（1997）

艺术中有具象的构序，但构境才是它的本质。（1997）

韦伯的价值合理性的颠覆和方法论中的价值中立与马克思的价值关系和社会关系理论的关联：韦伯正是从现代生产和技术结构出发，这是物化的第一方面。他从马克思的社会关系中摆脱出来，基于技术现象经验，不愿再深入下去，流水线上的非主体抽象、生产技术抽象中的形式化和标准化，恰恰消灭了主体个人。法理型是一种新型的技术意识形态。（1997）

韦伯的工具理性形式统治论是黑格尔哲学的继续。（1997）

柏拉图的理念抽象是基于经验直观上的抽象，而后有工业生产之上的现实抽象和科学技术抽象。（1997）

社会存在中的现象与本质，并非客体自然中实体性的"内"与"外"，而是相对于主体意向性的活动现象与关系性本质。（1997）

历史唯物主义不是源自费尔巴哈，而是辩证法与经济学中的社会唯物主义结合后的认识飞跃。这有一个**自然**唯物主义→**社会**唯物主义→实践物质活动基础上的**历史**唯物主义的发展。（1997）

《1844年经济学哲学手稿》中关于黑格尔的一章，是青年马克思对自己方法论前提的指认。（1997）

将古典经济学方法论指认为洛克式的经验直观是不够的，斯密、李嘉图在经济学中已经面对社会关系的抽象，价值关系是非直观的社会存在，李斯特的生产力也是。（1997）

古典经济学中的社会唯物主义已经包含一部分对社会存在的科学认识。李嘉图的科学抽象，显然已经超越了庸俗经济学停留在经验直观的现象上。（1997）

一条现象学的线索：康德的经验现象界，黑格尔的精神现象学透视，马克思的历史现象学否定，胡塞尔的意识现象学揭秘。（1997）

基督教中与上帝之城对立的世俗此岸，佛学中的红尘假象，由此透视神性视域中生活世界的现象性，最终趋向绝对本质——神的本真之境。（1997）

注意鲍德里亚的《生产之镜》：否定历史唯物主义。（1997）

在信息技术的后现代中，天才突然发现自己成为不必

要的存在。（1997）

你是否只有可以被替代的东西。（1997）

布尔迪厄的惯习概念：一个工人家庭出身的孩子，这一先在的环境将对他的行为产生重要的影响。（1997）

场是物性基质，而境是突现的主体存在。（1997）

惯习使人本主义陷入绝境。（1997）

你是否遗忘了依然在操纵你的什么东西？（1997）

众是巨大的娃。（1997）

良心没有那么强大，人们会悄悄地、下意识地哑然臣

服于供养其肉身的市场意识形态。（1997）

资本支配是以间接的形式发生的，人无法意识到具体的统治者。（1997）

市场中介过的间接性奴役，使股民们呼天不应。（1997）

人失去了那个"独拥神圣"的无形的形而上学彼岸，所以内心世界与外部世界一样混浊，人由此沦落为物。（1997）

马克思的批判话语是宏观社会批判，之后的路向是趋于微观批判。（1997）

韦伯是将黑格尔思辨化的绝对观念直接变成法理型的科层制，人不能支配它，而受它的支配。（1997）

境不是物质基质本体，也不是世界一般共在的本体，而是人类高级生存之路。（1997）

马克思：意识是我对我环境的关系。（1997）

马克思的《穆勒笔记》是从人与人的社会关系出发的，这是对费尔巴哈和赫斯人本学的推进，再由此进入对象化的劳动。（1997）

异化的主体不是实体，而是一种关系，这是费尔巴哈异化史观的深刻之处。而马克思将其推进到劳动异化时，已经是主体自身的关系→对象化关系→人与人的关系。（1997）

《1857—1858 年经济学手稿》是马克思哲学思想发展的**最高点**。（1997）

社会唯物主义不是一个假定，而是古典经济学的一个真相。（1997）

《回到马克思——经济学语境中的哲学话语》（上下卷），100 万字。（1998）

应该注意历史唯物主义中的认知之真与批判之善。（1998）

马克思：《1844 年经济学哲学手稿》中的前科学批判——人学主体现象学，《1857—1858 年经济学手稿》中的科学批判——历史现象学。《德意志意识形态》中的实证批判——非现象学。（1998）

马克思在 1845—1846 年的话语结构：一是他隐匿了自己在《1844 年经济学哲学手稿》中的人本主义，

人本学成了被批判的对象；二是被改造过的经济学成了话语"实证科学"的基础和支援背景；三是新的历史唯物主义，即科学方法＋批判的辩证法＋革命的社会主义。（1998）

《〈德意志意识形态〉研究》写作提纲：第一章，什么使马克思发生了转变？（1）李嘉图式的社会主义；（2）施蒂纳的个人与新人本主义。第二章，《德意志意识形态》手稿的文本结构。（1）全书结构；（2）第一手稿的结构；（3）复杂的话语重组。第三章，历史唯物主义的内在结构。（1）历史唯物主义的物：对象的关系；（2）认识论的非直观：关系；（3）历史辩证法：生产方式和世界历史。（1998）

话语是一定理论结构自觉之后的不自觉。（1998）

《回到马克思》一书删除的概念：构境，多元话语结构，实践格局，实践场，实践构序，惯性实践。（1998）

《德意志意识形态》中无现象学批判，而转为实证批判。此时马克思并没有真正理解经济学的理论意义，而且没有自己独立的经济科学理论。（1998）

不弄懂经济学，是无权对人类生存发展发表看法的。不懂马克思的经济学，根本不可能弄清楚马克思的哲学和其他思想理论。（1998）

《德意志意识形态》总体上是不成熟的。广义历史唯物主义的一般原则是正确的，但因为缺乏经济史的支撑，所以没有真实地描述历史进程。（1998）

《德意志意识形态》是一部历史本质的逻辑，《1857—

1858 年经济学手稿》中创立的历史现象学第一次将资产阶级社会生活的本质从现象中解蔽出来。（1998）

后现代思潮如果没有本质主义的前提就什么都不是。（1998）

经济决定论是狭义历史唯物主义的泛化结果。（1998）

物质生产中的创造性活动与简单再生产中的惯性活动是不同的。（1998）

机器不创造，只是重复人的创造性。计算机的操作系统也是如此，人们只是在 OA 的内部运作。（1998）

创造性生产的本质是构序。（1998）

技术是不操作物的创造性活动。（1998）

走向市场经济的实质是颠覆"义大于利"。（1998）

读书的边际：最需要时的汲取。（1998）

社会唯物主义只是抓住了物化了的关系，所以仍然陷入经济拜物教。（1998）

黑格尔的两种观念现象学：一是《精神现象学》中的个体物相透视的现象学；二是整个体系逻辑上的观念扬弃自身的现象学。（1998）

Dasein（定在）是历史唯物主义的关键。（1998）

马克思的历史性定在是海德格尔哲学的出发点——

一定的在世之中。（1998）

带着破裂去生活。（1998）

在社会概念上打叉：代之以场域或社会空间。（1998）

身体化是指内化为个体生存言行中不言自明的东西。
（1998）

社会无意识的不同形式：政治无意识、学术无意识、
科学无意识。（1998）

布尔迪厄的场概念本身是批判性的：场不是实体性的
空间，而是在不同的力量斗争关系中被构成的功能关
系。人们掌握一定的资本投入力量互动关系，最终，
有人获利，有人垄断。（1998）

惯习基础的身体化，是亚意图层面上对人的心身的隐性嵌入。（1998）

社会场境是一种力量关系互动中的异质性突现。（1998）

社会空间不能直指，只能通过高度抽象的客观关系来显现。（1998）

生产、生产力、生产关系和上层建筑是一个晚近的发明。（1998）

"抽象的具象"：物质生产中用物性工具和器械的操作→电脑桌面上的操作。（1998）

数字化对我们殖民：以一种无可商讨的方式重塑我们的时空。（1998）

电子共在：一种新型的电子化主体之间的关系。（1998）

"快进""慢放"和"重放"颠覆传统的线性时间。
（1998）

福柯的新史学观：让踪迹说话。这已经是以一定的物质信息建构过去的叠境，它不可能是过去生活的真境。
（1998）

资产阶级的无人统治缘起于"看不见的手"，它可能会是"最残酷和暴虐的统治"。（1998）

忽视经典是要付出代价的。（1998）

将社会历史属性误认为物的属性，是社会唯物主义最后的认识论错误；旧唯物主义也是如此，将物相的历

史规定指认为物本身具有的。（1998）

马克思几乎没有在正式的文本中使用"资本主义"一词，开始是市民社会＝资产阶级社会，到《1857—1858 年经济学手稿》开始使用"资本者的社会"。（1998）

过去是那个真善美至的"类"向我们讲话，化身为"道德律令"和上帝，在物化的金属世界中，这种价值合理性的彼岸崩塌了。（1998）

当人通过科学解释一切时，人的生存即从垂直关系返回水平关系，这是败坏的开始。（1998）

当我试图拒绝被体制化时，出路只有一条：精神分裂。（1998）

现代性中的**活该性**："股市有风险，入市需谨慎。"事先算计将来，消融一种自愿的倒霉。（1998）

恐惧是对特定威胁的反应，痛苦是对特定伤害的反应，而焦虑则是没有直接对应关系的莫名难受。（1998）

焦虑是今天都市生活中合法伤害的结果。（1998）

时间殖民：反季节种植对自然生长的强暴；电力对黑夜的强暴；空调对温度的强暴；西地那非和整容对年龄的强暴。（1998）

在商品逻辑中，我们只有能够卖掉自己，才能得到自我实现。（1998）

市场意识形态的"活该性"本质：伤害与被伤害的自

然性和自愿性。（1998）

今天的世界成了没有国界的购物中心，商品渗入地球最后的角落。（1999）

政府考虑本国的事情，跨国公司着眼于全球的利益。（1999）

广告的本质是控制人无意识的秘密诱导。（1999）

市场经济是**沙漏式**的社会，大多数人会掉进底层。（1999）

不做灵魂上的孤魂野鬼。（1999）

只有自身具有神性的人才能走出外在的信仰。（1999）

神性是一种顶天立地的存在。（1999）

欲望变成缺乏，资本主义才能永恒。（1999）

商品的技术缺陷＝**再来性**。（1999）

我们不会再登上顶峰了，永远只有"临时的货色"。
（1999）

开始《西方马克思主义研究》（二卷）：第一卷，西
方马克思主义；第二卷，后马克思思潮。（1999）

理解卢卡奇，离不开对第二国际理论逻辑的破解。
（1999）

卢森堡是第一个指认马克思不是神的人。（1999）

农业生产之上的直观认识论不同于工业生产之上的现代认识论。（1999）

农业生产中的不变自然，工业与动产中的绝对变易性——一切凝固化的东西都烟消云散了，再到今天的超出物性操作的信息技术 3D 软件中的任意性。（1999）

西方马克思主义文本研究：从卢卡奇的《历史与阶级意识》和施密特的《马克思的自然概念》二书开始，争取三卷完成，书名可为《解读西方马克思主义》。（1999）

物化关系的社会先验性，这是经济拜物教的秘密。（1999）

能指更能表明语言的动态生产性，所指不过是能指无

休止意指的一个瞬间。（1999）

意义是游戏般的构境。（1999）

意义是通过大量制度性实践社会地建构的。（1999）

资产阶级对传统社会犬儒式地去圣化。（1999）

无意识的历史逻辑：维柯的天意说，康德的"自然意图"，斯密的"看不见的手"，黑格尔的"理性的狡计"，马克思的"似自然性"，恩格斯的"平行四边形"，弗洛伊德的欲望被压抑生成的个人"无意识"，弗洛姆的"社会无意识"，詹姆逊的"政治无意识"，德勒兹的"无意识投资"。（1999）

象征资本：以声誉、地位和权力的方式在符号生产领

域增殖的交换价值关系。（1999）

德里达的无言幽灵是对帕斯卡不再言说的"隐蔽的上帝"的逻辑模仿。不同在于，幽灵的不在场的在场已经成颠覆性的观看。（1999）

不在场的在场性的逻辑线索：黑格尔的有无关系的变易；马克思从对象实在中发现的不在场的实践和物质生产活动；海德格尔的存在者背后的存在。（1999）

拉康的主体异化是一种命运。（1999）

意识形态批判就是要寻找隐匿起来的利益。（1999）

文本的真正存在就是"活着"。（1999）

只有在读诗的行动中，诗意才在构境中突现。（1999）

对于无思的读者，文本是不说话的。（1999）

在工业生产中，我们通过操作实物制造世界，而在科学技术实践中，我们却在"无"中创化世界。（1999）

商业市场的无序竞争关系中生成"看不见的手"，而电子世界中有无法控制的黑客和病毒，最终也会有点击关注的无形之手。（1999）

身体的政治经济学。（1999）

市场经济中匿名统治的不在场的更深在场。（1999）

名牌崇拜中自己人性深处的湮没无名。（1999）

教化：使人成为一种普遍的精神存在。（1999）

认知者与认知对象都不是本体意义上的现成物，而只能是历史构成方式中的存在。（1999）

文本的意义总是超越作者，因为理解不是一种重复行为，而始终是创造性的行为。（1999）

我们从没在情境的对面，而是在境中。（1999）

诠释的深处是意识到文本与现实的紧张关系和张力。（1999）

追问的开放性在于答案的非凝固性。（1999）

要意识到我写下文本之后别人会以不同的方式理解

它。（1999）

诗境和音乐空间每一次都在重新演出和构境。（1999）

在自由资本主义时期，资本家只是资本关系的人格化，资本家似乎只是"看不见的手"牵线下的无主体木偶；而在国家垄断资本主义时期，资本集团本身似乎是具有自觉集体人格的，它干预市场，计划和设想经济和社会生活。（1999）

信息网络时代的资本主义：资本控制下的庞大的信息网络系统，通过软件、自动交换机和卫星通信将生产、物流和金融关系整合起来，它汲取和无偿占有的剩余价值不再来自体力劳作，而是智能劳动。因为原来生产中的工艺技能的创造，现在独立出来，在 3D 的虚拟空间中创化财富。（1999）

禅境因构建之境易碎，故看破物性的红尘，但不知境与物、境与实践（行为）的关系，境如果只是纯主观之境，必是病态的东西。（1999）

低层构境与高层构境的关系：不一定穷（"悲愤"）才出情、诗、思，才有独特"韵味"，一般而言，物性的富贵会有更高层次的构境。中国古代的好的诗词之深境和书法，大多是吃得很饱情况下的产物。当然，没有文化的暴发户再有钱，也无境。（1999）

固守一种观念体系是植物性存在。（1999）

学者如果成了时代的宠儿，那是他的不幸。（1999）

美式快餐是把韦伯的科层制与泰勒的流水线杂糅起来。（1999）

《西方马克思主义研究》写作计划：第一卷，西方马克思主义；第二卷，阿多诺；第三卷，晚期马克思主义；第四卷，后马克思。或者四本独立的著作：《解读西方马克思主义》《读懂〈否定的辩证法〉》《精读晚期马克思主义》《遭遇后马克思思潮》。（2000）

在关于阿多诺《否定的辩证法》一书的文本学解读中创立相关的**写作法**，即在文本构成中明确区分**文本直接解读、插述与说明**和**支援背景**的不同文本区（用异体字或框线隔出）。以确保文本解读逻辑主体的明晰性，防止非解读性的过度阐释和语义误导。（2000）

只要人活着，他的意义就是未完成性。（2000）

失败的独白式教学：没有对话和思考，只有绝对正确的老师向学生灌输真理。（2000）

思想是两个以上意识主体对话点上演出的生动事件。
（2000）

无人称的"我们认为"是无责任主体的。（2000）

人在一种可知的生命历程中**赴死**。（2000）

人的生命中最可贵的东西，是笑容、泪水和眼神那样转瞬即逝的无形构境。（2000）

艺术品是有死的艺术家塑形而获得的不死性。（2000）

认知是功利的，而思无用地渗透在存在之中。（2000）

苟生的恐惧是在消费中落伍。（2000）

卖笑中的"欢迎光临"：为买卖关系滴上的润滑剂。
（2000）

网络共产主义的现实基础是信息摆脱了物质基质。
（2000）

不同的生产类型：农业生产——优先和加工自然；工业生产——重组人工物质；后工业生产——虚拟操持中的构序。（2000）

海德格尔不是肯定意义上的关系"本体"论，此在从上手状态开始的在世关系已经是沉沦。（2000）

人类中心的溃败：哥白尼——地球不再是中心；商品经济——人之外的金钱逻辑；技术——人是机器的附庸。（2000）

我被看到故我在：一天不在媒体上露面即不存在。
（2000）

信息是天生的平等派，无成本的信息复制会要了私有制的命。（2000）

商品一旦买回家，广告中那种超现实美感瞬间荡然无存。（2000）

马克思说：下流的唯物主义，因为金钱总在低处。（2001）

学术不能像亚当的肚脐，它不是妈生的，是被画上去的。（2001）

狂欢节中的非异化瞬间：一切等级、禁忌和礼仪统统消

逝，相近的还有醉酒和吸毒造成的疯狂失态。（2001）

无用之用，是为大用。（2001）

异化是一种敌我性自反。（2001）

社会生活的结构是不可见的，它在日常行为的重复中功能性地突现。（2001）

文本学是学术思想研究的田野工作。（2001）

关系是绳状的，而构境则是围绕主体的环状突现场境。（2001）

阿尔都塞：天主教之神性之无→黑格尔的"人那个黑夜"→无主体过程→偶然相遇的唯物主义。（2001）

阿尔都塞的"无"，与佛老之空无相反，不是看似有，实为无，而是看似无，实为有。结构之空无是实有之无，实为真有。马克思历史唯物主义中的"物"的本质是**场有**，生产力、生产关系、交往结构和生产方式，都是直观之无背后的真有。（2001）

我活着，只因为独立的精神个性。（2002）

浦口讲座：哲学与电影

1.《死亡诗社》：过去时代中的孩子，手背后面听训于"绝对正确"，为他者（父母、老师的面子）活着。成年后，则为"大家"活着，攀比于炫耀的物性生活。而我活着，恰恰因为不同于他人的个性。我最喜欢的存在样式：最大限度地使我的生命光亮起来，而不是为了他人。

2.《天使之恋》：人是有死的，而天使却没有，天使的存在可以听到早晨太阳升起时的圣乐，但无痛、无味、无生活、无缺点、无泪。

3.《不道德的交易》：爱能不能被变卖？（2002）

读齐泽克的《意识形态的崇高对象》，第四遍才入门径。太可怕了。（2002）

齐泽克的主体（个人）是一个空无，人的存在是一个创伤性，由回溯建构起来的一种不可能性。（2002）

齐泽克与黑格尔和马克思的一致之处：黑格尔的个人（"激情"）是一个空无，它只是绝对理念实现自身的一个过渡环节；马克思的个人也是实在意义上的"空无"，它不过是全部社会关系的"总和"。（2002）

克尔凯郭尔的新人本主义打倒"类"，要求独一无二

的"这一个"个人，而拉康-齐泽克则将克尔凯郭尔的"这一个"剥夺为零。（2002）

唯有在其中"深深地活过"，才有可能迫近其真实的层面。（2002）

一个存在者凭借他面向太阳的一面，而成为**有脸**的东西。不做无脸的东西。（2002）

物的构序的历史是同一性的历史。（2002）

客我：他者对自我的期望关系的内在化。（2002）

伪自我-伪主体：始于镜像，第一个对"我"的认同就是伪像；二是面相之镜，父母亲人、老师朋友的反射性认同之伪我；三是语言话语系统的教化之伪主体

建构；四是社会关系填充之伪；五是意识形态询唤之
伪主体；六是媒介时代中的大众幻象之伪关系建构。
（2002）

伪自我的变身话语：从肢解的身体碎片到镜像中一个
整体的外形伪像。（2002）

身体之"多"到镜像之"一"，在一种需求恒定状态
的安定中，生成自我的自恋盔甲。（2002）

为了成为自我，就必须穿上他者的衣装。（2002）

他者的目光：大人之看，老师之看，同学之看，众人
之看，无脸的第三者之看（他者之眼）。（2002）

伪我的欲望对象不是弗洛伊德的力比多原欲，而是他

者的欲望。（2002）

弗洛伊德：原欲（被压抑的无意识）→意识，本我→超我→自我；拉康：空无→镜像之"我"→象征符码中的伪主体。（2002）

自我已经是**面具性生存**的开端。（2002）

以拉康来解释神学是很棒的：上帝是一个大他者（A）。以无贴在无上，一个大空无。无言的不在场的在场，就是上帝之在。（2002）

欲望对象中的衣饰和包包，实为女人的自恋对象，一种自我投射式的爱恋。（2002）

小他者即不是我而夺走我的伪"我"。（2002）

语言是存在的无化，它将不在场的东西带来。（2002）

概念是事物的尸体。它是建立在无数个体生命、事物的生生灭灭之上的。（2002）

人：围绕一个空无（缺失的"本我"），再用无（象征性的概念）贴合而成的空心存在。这一点不同于海德格尔，因为没有了回家的乡愁——家成了一个不可能有的空无。（2002）

回家的"回"是对象 a。（2002）

我们遗失了自身的来历，迷失了回家的道路。（2002）

本真性的价值悬设：已经失去的不可能的好东西。（2002）

阿尔都塞和福柯反对起源是有道理的，因为"起源"是缺失的无。（2002）

无、负——拉康哲学的秘密。（2002）

马克思的缺失：教条主义体系将无贴在无上。（2002）

能指是空虚的、缺失的无意义的场，但是被打开的空无，能指相对于其他能指交出无——叫作XX的东西。（2002）

人是第一能指：能指环绕在抽象的主体旁边，之后不断地贴上意义。这是黑格尔那个起初的抽象的空洞，逐渐被具体填充起来的观念隐喻。也是马克思实体意义上那个人的空洞，然后由具体的社会关系"总和"实现出来。（2002）

被狼哺养大的"狼孩",本身就是一个存在论上的空无,没有了反向性的他者,自我和主体从来都没有出场。(2002)

当网络上的匿名主体失去可直视的面具性关系时,有可能无意识地释放出一切原欲来。(2002)

尼采的"过于人性":不加掩饰地捕捉到不可能的对象 a,想做就做,想说就说,不再压抑自身,不再遵循法规,随即进入不正常的"疯狂"。(2002)

德勒兹是极左化的拉康。(2002)

德波:关系即社会存在之真→关系转化为景观→景观为骗人的谎言→通过日常生活的重建实现个人真实的自主构境。(2002)

《他者的辩证法》：（1）黑格尔的主人与奴隶；（2）马克思的等价物之镜（《资本论》的异化关系）；（3）海德格尔的此在与他人的共在；（4）列维纳斯的他者的面孔；（5）拉康的大小他者与伪自我-伪主体；（6）齐泽克的意识形态崇高对象。（2002）

《文本的深度耕犁》第一卷。（2002）

计算机文字输入指法：机器的构序被动物性地注入身体，成为自动化的下意识运作。（2002）

不把自己当作无所不能的人，就可能会少做愚蠢之事。（2002）

拒绝异化，拒绝为工作而工作，拒绝为他人而占用自己的生命。（2002）

中国喜宴上的撒糖，有巴塔耶那种"耗尽"的非功利色彩。（2002）

结婚戒指是婚姻关系的物化。（2002）

所有存在经由货币，全都进入夷平化的同一水平。所以，金钱是天生的民主派。（2002）

单纯的构境论是有问题的。（1）不同于动物的匮乏为自然存在中生命能量的补充，人的匮乏是不断递升的匮乏；（2）生产之序，在操持自然物中构序，这是构序之骨，上手关联即成世界；（3）境为人的生存情境：物相–景观–心境。（2003）

从关系到境是一种提升：从边界清晰到弱化成境，如书法的形与意境的关系。（2003）

构境论系一种历史性的人生哲学。它不求宇宙本体，而解释人的历史性社会存在的本质关系。（2003）

海德格尔的时间：过去在此（当下）涌现出来且推向未来。（2003）

尼采：哲学是冰雪之间和高山之巅上的自由自在的生活。（2003）

没有表情的死人那里，生动的面孔变成了静止的面具。（2003）

弗洛伊德的原欲冲动、无意识是非概念的，而文明教化则是本质之链锁。（2003）

达利是让本我活出来的人。（2003）

达利是拉康的正面形象，而拉康则是打碎反面的主体。
（2003）

达利反对现实的强制：刚性时间节奏→柔软的时钟；
压抑→欲望的直白。（2003）

拉康的预期格式塔：镜像的预期篡位，这是对海德格
尔的"先行到来"的颠倒，也是对布洛赫希望本体论
的反用。（2003）

拉康的他者逻辑：柏拉图的"分有论"，神性的上帝
和魔鬼双重大他者，费希特的"非我"，黑格尔自我
意识自立的"另一个"，海德格尔和萨特的"他人"
等。（2003）

相对于达利的欲望之真，拉康发现大多数人的欲望并非生命的涌现，而是被他者制造出来的虚假之"要"。（2003）

拉康：不可能的此在之真。（2003）

人不读书真的会变笨。（2004）

巴塔耶与拉康一样，也发现了主体的空无。但他比拉康现实一些，因为他是在掉进世俗世界中的人那里看到了虚假的物相，并且，他毕竟给出了神圣世界的可能之真。（2004）

巴塔耶的哲学观：思考无用性的剩余物。（2004）

生产是社会用在同质性的基础，一切无用的东西都被

排除于社会的同质性之外。其最完善的形式是科学技术。（2004）

异质性是不可定义的，只能通过否定来确定。（2004）

功利有用的世俗世界之伪境和神圣世界之真境。（2004）

黑格尔说，"人，那个黑夜"。意为人不是实体意义上的实存，而是对自然物质的否定之上的"无"。但物质实存依然是基础。（2004）

晚期马克思主义：一是承认现代向后现代的转换，但拒绝以后现代本身作为激进反抗的依托，因为后现代思潮不过是晚期资本主义的文化逻辑；二是坚持历史唯物主义的原则，从生产方式分析资本主义的新变化。（2004）

晚期马克思主义的历史逻辑：曼德尔的《晚期资本主义》，德里克的"弹性生产"和"劳动的国际分工"，哈维的空间理论，奈格里的《帝国》，詹姆逊的《晚期资本主义的文化逻辑》。（2004）

网络生存中，匿名的主体在假我上再蒙上一种数字化面具。（2004）

面具的他性：在爸爸妈妈面前的"乖乖女"，孩子面前"无所不能"的大人。（2004）

镜像关系的历史性：在没有镜子的时代，人们只能通过水面看到自己的倒影，那种影像是不稳定的。（2004）

证伪象征大他者的拉康是不是一种文盲哲学？没有进入语言系统的人没有异化吗？（2004）

拉康的症候是反面的构境。（2004）

真实是不可能性＝西西弗斯性。（2004）

海德格尔在"存在"上打叉，德里达抹去"存在"后的踪迹，拉康的镜像和象征之假。（2004）

伪饰成真的假象破碎处，真到场。如"大师"的人设崩塌处。（2004）

写作的零度，即问题式中的"空白"，"接着说"的那个原创平面。（2004）

儿童与疯子说真话。（2004）

所有关系-方式都是空间性存在。（2004）

列斐伏尔的社会空间接近我的实践场-实践格局。
（2004）

哲学是一种思。葛兰西说，哲学学习是一个生成自己的内在精神个性的过程。哲学教学不是一个知识传递的过程，而是一种方法论的训练。哲学思考不是一种有现成答案的问答，而是不断地追问。哲学不在生活之外，所有领域的科学、艺术和生存的最高构境都是哲学。（2005）

构境有不同层级：能看到听到中的经验之境，知性中的主观情境，高峰体验中的神会之境，音乐、舞蹈、戏剧的感性艺术之境，文学与诗歌之境，思境，圣境等。（2005）

列宁前期哲学思想中理论大他者的镜像影响。（2005）

列宁在《伯尔尼笔记》前期，误将马克思所说的把黑格尔的辩证法"颠倒过来"理解为只是复归一种费尔巴哈和狄慈根式的唯物主义，这也是普列汉诺夫和《唯物主义和经验批判主义》时期列宁思想中的主导性话语。（2005）

并没有一个哲学上的"列宁主义"。（2005）

个人背负的隐性知识系统决定了他能看到什么、听到什么。（2005）

意识是一种非实体的突现主观场境。（2005）

可以在《回到列宁》的文本学研究中透露一些构境论的观点。（2005）

格式塔发现了感知场，波兰尼发现了支援背景-焦点觉识的意会结构，拉康发现了镜像反射。（2005）

我们的哲学研究多为宏大叙事的形而上学，而更应该关注微观的认识论和意识研究（广松涉和波兰尼）。（2005）

列宁哲学思想中的转换：从**他性镜像**（普列汉诺夫、费尔巴哈、狄慈根）到正在生成的**自主性思境**。（2005）

文本研究的空间化，文本不是一个固定的对象，要能够非线性地讨论。（2005）

后文本学：逻辑空间的再生产。（2005）

《回到列宁———一种对哲学文本的理论性情境超越》：

列宁的"哲学笔记"还在那里，并没有被凯德洛夫的解释所带走。需要重新建立一种新的对话。（2005）

将黑格尔的能指（观念）换成唯物主义的能指（物质），并没有改变它的逻辑所指。（2005）

不同于外部强制的象征暴力：以柔和、软性、无形的方式，假手义务、信任、忠诚、友情等人伦关系相关的暴力。（2005）

要在《回到列宁》中正式布展构境论：非本体论，从有序性到境。（2006）

人的意识与人工智能的边界在于"境"，机器永远不会有真的哭和笑。（2006）

从马克思的"关系总和"到社会情境。（2006）

在物性存在中只有构序，境是主体性的。（2006）

常人之共在只是客观的"势"。（2006）

境是混沌突现的。（2006）

境是东方文化的本质：艺境、佛境、思境；而西方文化是对象化的物性结构、有序性。（2006）

顿悟是构境的一种形式。（2006）

音乐是一种特殊的构境空间。作曲家在五线谱上写下曲谱，已经是最初的音乐空间思境，只有当它被音乐演奏家演奏时，音乐构境才突现出来。在一个交响乐演奏的现场,乐手和指挥之间发生着完美的双向构境,在现场的听众那里，也会是一种极具个性化的音乐构境。后人的每一次演奏都会是这一音乐空间的重构。（2006）

克尔凯郭尔说，"个人的痛苦是不可替代的"，其实，个人生存不可替代的是他独有的情境，切肤之痛、失意、愤怒和狂喜的心境。（2006）

哈贝马斯的交往理论，是将新东西紧紧贴在旧东西之上，A、B、C都有片面性，交往可以解决一切。这样，使人们较容易理解新东西。（2006）

音乐构境的基础是共时性的听觉,而画的艺境是视觉,电影的构境是视觉、听觉的蒙太奇化入和拼贴。（2006）

资本主义私有制的新矛盾：信息共产主义与个人占有之间的冲突。信息的再生产没有任何成本，可无限复制且与母本无差别，这从根本上否定了信息的私有关系。（2006）

在《回到列宁》一书中，应该按构境逻辑将所有"我认为"改为"我构想""我猜想""我主观地判断"。（2006）

布尔迪厄的场是斗争生成的动态关系场。（2006）

物性过程→生物场（链）→社会实践场→构境。（2006）

构境非物理场和实在中发生的。生物无境。人之本为境。（2006）

相对于现实发生的构境，梦境是非理性的拟境。（2006）

鲍德里亚"符号政治经济学"的错：今天信息行业中的源代码创造者，并非创造符号，而是有序结构的纯粹建构者。（2006）

人的生存：物的有序性→社会关系场→有意义的构境生存最高点。（2006）

今天的一般智力下的劳动仍然是不可替换的，比如软件工程师与普通公司文员的智力劳动是无法简单替换的。（2006）

哈贝马斯和鲍德里亚都批判马克思的劳动-生产论：但哈贝马斯是向前看，预设一种无阻断的透明性主体交往；而鲍德里亚则是向后看，力图返回"曾在"中

的"应该"，即原始人类部族生活中没有被交换价值毒化的象征交换。（2006）

日本的能乐大师的表演完全是象征性的，面具之后的手势、动作的意会。（2006）

莫斯的声誉货币是布尔迪厄"文化资本"（象征资本）的缘起。（2006）

鲍德里亚在使用价值和交换价值之后，提出象征价值。（2006）

构境不是单纯理论逻辑表征或什么线性结构的话语独白，而是复杂的主体情境突现，会内嵌情感、信仰、价值判断、政治立场等。（2006）

负面的构境：他性镜像支配下的伪境、广告支配中的虚假需要之境、意识形态幻境等。（2006）

伪实践与物象化和拜物教的关联。（2006）

巴什拉说，问题是科学的成因。那么可以说，怀疑是哲学的成因，活不下去是革命的成因。什么是构境的成因？生存中的主观格式塔是构境的成因？再想想。（2006）

胡塞尔的现象学不是对本质之外的现象的研究，也不是黑格尔-马克思的透视现象看本质的批判逻辑，而是对本质呈现方式的研究。（2006）

胡塞尔证伪自明性的常识，因为对象从来不会以它实际所是的样子被遭遇。（2006）

现象学依靠光，光照亮的地方的现象呈现，所以这只是同者的世界，然而这里无法遭遇异质性的他者。（2006）

列维纳斯的他者更接近奴役性的他者（女权主义和后殖民中的他者），那个不回家的他者。（2006）

睁开从来没有睁开的灵魂的眼睛。（2006）

历史唯物主义不等于唯物主义历史观。把历史唯物主义视作辩证唯物主义在社会历史领域的运用是错误的，这将历史唯物主义变成了一种部门哲学。（2007）

与生活境况、文化程度和悟性相关，大多数人都可能是"失境"的。（2007）

历史实践构序中的物非物，而是物与人的主体关系组

织化（序）的进度，这是海德格尔那个上手环顾的基础。（2007）

以构境论"回到马克思"。（2007）

在学术记忆中重新激活思想构境，每一次重构必然存在差异。（2007）

他性问题式向自主性问题式的转换是原创思想的真正起点。（2007）

理论再生产中的一般回路，即炒冷饭的"简单再生产"，这种理论回路的本质是将现实装进过去之中。（2007）

看不见的逻辑构架是思之积淀而成的，但它的每一次在场都是重建的。（2007）

《浪漫满屋》电视剧的爱情构境："恋人絮语"。爱总是在不知不觉中到来，这是一种非理性的建构之境。（2007）

列宁在 1908 年建立了唯物主义–唯心主义他性哲学构架，1913 年在《马克思恩格斯通信集》中看到了辩证法与黑格尔的内在关联，但并没有根本改变哲学唯物主义的框架和立场。（2007）

构境：电影是由死的胶片活化而成，光影记忆、场景的伪像在蒙太奇拼贴中构境；而电视的屏幕就是由物质光点与声音构成的，看就是建构。（2007）

构境论是"在场"形而上学，因为它总是现场突现的。（2007）

历史研究之中，很难重建生活原境，所有历史构境都是重新拟现。（2007）

草书是脱形的构境。（2007）

布尔迪厄是将海德格尔的此在与世界转化为惯习和场域，前者是性情倾向的惯性行为，而后者则是人与人斗争构成的社会空间。（2007）

布尔迪厄泛化了资本和利润概念，却不谈劳动与剩余价值。（2008）

应该思考建筑学中的凸状（convex）、空间句法（space syntax）和构式（configuration）。（2008）

筑场，造势，塑形（shaping），构序（ordering），

筑模（modeling），构境（situating）。（2008）

思想史逻辑三段式：他性镜像→逻辑筑模→构境。
（2008）

祛序：与解构的宏观结构消解不同，祛序是精细地消解一种有序组织化。（2008）

构序的异化：原先是人与人的直接关系中的有序性，在进入交换市场后，人与人的有序关系只能通过货币构序实现出来，物序压倒人序。这是一种恶的纹心结构，人与人的直接关系内嵌在物化的经济有序关系之中，也是一种直接关系序的癌变。（2008）

大象无形、大音希声、大道至简、大爱无言都是东方式的构境。（2008）

中国古代的诗、词都有格律之境，而西方的自由诗则没有这种特殊的"格律"。（2009）

空间不等于场所，只是空间物性设施中人的行动来激活的场境。（2009）

高保真立体声中的拟境，不同声道的录制，以呈现立体音乐场境。（2009）

音乐的叠境：作曲是第一次构境，作曲家通常会在钢琴和乐谱写作之间建构音乐空间表象之境；音乐指挥家是第二次构境，他按自己的理解"吃透"总谱，合成为乐团的现场节奏、轻重缓急和复调式合奏中的不同乐器之间的呼应等构境线索，也因为指挥家个体的思境是各异的，所以从第二层构境开始，就已经出现多样性复构；现场的演奏是第三层构境，不同的乐团演奏家的理解和艺术水平是不同的，所以第三层构境也会是多样性复构；最后是听众的现场音乐听觉体验，它可以是现场的融入，也可以是唱片和其他储存器的重新播放后的听觉构境。（2009）

从剧本写作到导演的戏剧的排练，再到演员的现场表演，最后也有观众的视听场境复构。（2009）

电影的生产是更加复杂的，从剧本到拍摄脚本已经是一种碎片化，与戏剧的现场整体构境不同，电影的每一条拍摄都是伪境碎片，电影的构境本质是蒙太奇剪辑合成，观众看电影则是光影音色和幻境。（2009）

西方的方法与东方的道的差异：方法是技艺，道是内在的通达之境，所以日本文化中化禅境为茶道、花道、香道和武士道。（2009）

相对于解构，我更愿意用祛序。结构本身是一个现代性的概念，而有序的组织化则更隐秘一些，结构似乎是对有序性的一种外部描述。因此，对有序性的消解，会批判得更深一些。祛序会是构境论下一层级中的反向脱轨。（2009）

日本的新马克思主义：反教条主义体系的左翼批判思想家——广松涉、平田清明、望月清司。（2009）

微小的规训机制（实践方式）构成着社会政治构序的无声过程。（2009）

对情境的控制和制作：让你入伪境——伪感动、伪神性、伪高峰体验。（2009）

菲利克斯猫之喻：在空中行走，终将掉下。齐泽克、

哈维多用此喻，但多指《猫和老鼠》中的汤姆。（2009）

一种观点，如果不能传递到后来者的思想中，便不可存活。（2009）

海德格尔的《时间概念史导论》类似马克思的《1857—1858年经济学手稿》，是《存在与时间》的生产史。（2009）

海德格尔与《精神现象学》的差异：不是外在概念逻辑构成感觉，而是"与东西的关系"构成感觉。（2009）

胡塞尔的意向已经是构境。（2009）

不同于黑格尔–马克思的现象学，胡塞尔的现象学不是在讨论现象背后存在着什么，而只关心事物在照面

中的呈现方式。（2009）

遮蔽是与打开的现象相对应的事情，遮蔽不是看不到，而是在存在者的石化中遗忘原本的揭示方式。（2009）

《对话海德格尔：存在与构境》。（2009）

与科西克的真伪世界不同，海德格尔的周围世界本身就是伪性的操持世界，打交道的实践即伪。（2009）

中国传统文化中的自然是没有对象化的，即不存在操持性的周围世界。（2009）

海德格尔在农业生产和自然经济之上夸大了物的被造性，其实只是在工业生产的操持中才使世界成为操持物。（2009）

海德格尔操持世界中的存在者是通过"对……有用""对……有意义"的关系显现出来的。世界中的物总是有一个对他物的指引而照面的。这一点，是鲍德里亚"物体系"的前提。（2009）

佛伸掌，拈花微笑，都是佛境，"不立文字，直指人心"，也是体知意境。海德格尔是从文明之境重返意会无言之境：诗、思、言。（2010）

爱是神性之下最有诗意的构境，胡塞尔说，爱可消除对象性。但海德格尔从不谈爱情和女人。（2010）

构境不是预设的，而是偶现的"闪光"。（2010）

《反用在：诗之思境——神会海德格尔》。（2010）

萨特的"恶心"，海德格尔的"烦""畏"，都是克尔凯郭尔所说的个人生存中不可替代的东西，人的构境也是。（2010）

与"看日出"这种自然景观的视觉不同，海德格尔的"看到讲台"中，除去现象学还原中的先在意向，还内嵌了被遗忘的存在造物活动和功能链中的世界意蕴。（2010）

海德格尔谈及过存在论构境中的声音，比如圣马丁教堂上的钟声，但他很少谈及音乐之境。（2010）

胡塞尔现象学的基本功是"细节决定一切"，它的本质在于绝不放过"现象"呈现中一丝一毫的推敲。（2010）

意向性在实践中的作用：有目的地做。（2010）

胡塞尔是一位精细的切片家，他的现象学是一种精神解剖学，这种片片分离的方式恰恰是西方文化的内里逻辑，海德格尔不喜欢是有道理的。在这个意义上，胡塞尔同样杀死了主观世界中的"小精灵"，因为意识直观中的神秘性荡然无存。（2010）

狄尔泰历史哲学中除去解释学外，还包含着重要的**关系与境**论。胡塞尔和海德格尔都受到他的影响。（2010）

现象学还原的实质，是拉康意义上他性境像中的走出。一切自然态度都是他性的误认。（2010）

海德格尔的存在之遗忘，来源于胡塞尔的人在自然状态中对"现象"的遗忘。先验自我和自我觉识对象被

误认为世界，这个伪世界即存在者的集聚。（2010）

自然态度（现成在手）与还原（上手）；交互主观性与否定性价值颠倒的"常人"。（2010）

（1）海德格尔的公开文献是写给学术他者和大众看的；（2）讲座和书信常常是半真半假的东西；（3）秘密文献："另一开端"和"深渊之跳"；（4）还有一些玄文是打哑语的。（2010）

在海德格尔的表演性话语和本真性话语之间，还有一种中间型的表现性话语，在这种话语中，他往往是尽可能世俗地表现自己的能力和才干，特别是在一些写给女孩子的信中。（2010）

构境论应该从身边的事情讲起：人在面对世界的他性

时，真实的构境会变形为表演性和表现性的伪境，这既相当于弗洛伊德晚年那个本我面对超我后变形的自我，也会类似拉康镜像阶段中，开始于父母、老师和朋友的他性面相之镜压迫后的表演性存在，在走上社会之后，除去语言象征系统的他性支配，还会遭遇政治大他者、文化大他者和学术大他者的左右。（2010）

海德格尔的"第一开端"和"另一开端"不是两种逻辑，而是两条完全不同的路。这两条路开始是混在一起的，20世纪30年代开始觉识，1936年前后正式区分，1936—1944年写作秘密文献，生成思想的显隐双层结构。（2011）

海德格尔的秘密文献是他的本真思想，而表演性文本则是面具性话语，表现性文本的实质是在可传播的信息中，与当下学术场的可接受度相关，用形而上学的

语言和逻辑说明可深入的方面，确实有效地改变学术传统，这是他所谓的在"第一开端上的争执"。（2011）

强表现性文本甚至比秘密文献更重要，因为它本身就是"争执"，它是让另一种（other）思逐渐占上风的东西。（2011）

海德格尔的思想进程中并不存在类似青年马克思那样的"双重逻辑"，而是在"第一开端"中对形而上学的不满中不自觉地生成"另一开端"，并自觉地隐匿这种本有哲学，然后，才慢慢地使之浮出"水面"。（2011）

在文本学的语境中，表演性文本是最傻的，因为它是假话，而秘密文献倒是简单直接的本真话语。最难的是表现性文本中的"争执"，在这里，要领着哲学家

们在形而上学的存在遗忘中先从存在者返回到存在，之后才会在已经获得的存在上打叉。（2011）

从构境论的思想史逻辑上看，海德格尔的思想进程中根本没有简单的"他性镜像"阶段，对李凯尔特和胡塞尔的认同几乎都是策略性的。（2011）

海德格尔：常识（A）→形而上学（B）→现象学（C）→存在论差异（D）→本有之思（E）。从D折回B的"第一开端"，记起被遗忘的存在；却在B的初始之错得到纠正时，突然宣布D的非法性（存在上打叉后的"存有"），天地人神的"争执"是从D的占有性重返"另一开端"E——存在的弃让——本有。（2011）

本有不是一种对象，而就是争执本身：天地人神交织中的内省后的此-在与大地和世界的争执中的神性本

有。（2011）

1935 年的《艺术作品的本源》已经不仅仅是表现性文本，因为 other 已经现身，这是特定的出场域，即艺术。那么文本类型为四：（1）表演性文本；（2）表现性文本；（3）现身性文本；（4）秘密文献。（2011）

睡眠中，主体渐离场境意识，而突然而至的咳嗽、疼痛、闹钟和电话会让我们接近主体场境突现。（2011）

《回到海德格尔》的三卷计划：（1）走向《存在与时间》（1918—1930）；（2）本有（1936—1943）；（3）争执（1936—1976）。（2011）

海德格尔的本有论是**乡土浪漫主义**，却是极为深刻的思。（2011）

如果与马克思的思想进程做一不准确的对比：海德格尔的"存在论差异"已经是学术原创Ⅰ，缘起于1922年"那托普报告"（＝马克思的《关于费尔巴哈的提纲》），完成于1925年的《时间概念史导论》（＝马克思的《1857—1858年经济学手稿》），系统表述在1927年的《存在与时间》（＝马克思的《资本论》）。1935年前后迎来学术原创Ⅱ，即1936—1938年的本有哲学，之后隐入"存在论"背后，20世纪50年代之后有零星"现身"。（2011）

海德格尔的"回到开端"，即表现性文本的内容，他自己说，30年来一直在"解释西方哲学"，解构形而上学。（2011）

秘密思想的编码样式：（1）古代高地语；（2）加"－"号。（2011）

1929 年《什么是形而上学？》中的"畏"，开始从存在者整体中脱落，"畏"是对……的退避——宁静。这是"另一开端"的朦胧形态。此时，海德格尔还没有生成思的双层构境。（2011）

表演（光亮），表现（去蔽），现身（让予），神秘（归隐）。（2011）

学者的面具化：常人学术。凡·高说，宁可自然了此一生，也不愿意在大学里等死。他最终选择在争执中发疯。（2011）

Sein（是）已经是 Wie（怎样）了。（2011）

海德格尔的发生学逻辑：（1）"存在"（Sein）多义性的启发，胡塞尔现象学"剥洋葱"式的本质直观，从观念的意向性向实际性存在、生命的过渡。物（"石化的是"——存在者）→"是"（Wie 的遗忘）→返回存在之基根。（2）自然（涌现）→解蔽（无蔽的真理）→逻各斯（集聚）→相（爱菲斯）——表面的认识论：形（物相）而上学。（3）现成的个人主体→时间中有死的此在（在世）→上手功用关涉（操持）→功能链环顾生成的世界→与其他此在的共在（众之常人）→沉沦。（4）克服形而上学：畏、良知、归隐神秘（诗歌与艺术：荷尔德林的存有-本有之途、尼采的"中断形而上学"的发疯）。（5）物在（Was 现成性的存在者）→是（Wie，存在）→存有之争执（Seyn，或者打叉的存在）→本有（Eregnis）。（6）表演（存在者层面）→拒斥形而上学（第一道路拆解中的表现，回到"第一开端"）→1930 年开始的"另一条道路"→1936 年开始写作秘密文献（另一个开端中的本有哲学）→两条道路和开端的争执→弃让存在的

本有的直接现身。（2011）

海德格尔的方法论背景：路德将上帝从外部内嵌到人的内心，克尔凯郭尔的"这个个人"，现象学的"剥皮法"，解释学的历史时间语境，狄尔泰的体验关系结构。（2011）

海德格尔的双重废弃的归基：对存在者（Was）的废弃→存在（Sein, Wie），这是第一重归基；对存在本身的废弃（Sein 上打叉）→存有（Seyn）→本有（Eregnis）。（2011）

文本中的"何所向"：写给谁看？一是写给自己看的笔记、手稿；二是写给"大他者"看的表演性文本；三是写给学术场和普通读者看的公开出版物。（2011）

海德格尔四种文本背后的构境：一是表演性文本背后的常人伪境；二是表现性文本背后的常人之境的改变；三是秘密文献背后的思之真境；四是现身性文本背后的非常人场境之显露。（2011）

文本是思之构境的物性逗留，它将构成作者—思境—读者诠释的复杂关系场境。讲课是构境表达的现场复境，这也将构成思者—言说之境—听众理解之境的复杂关系场境。（2011）

应该将马克思主义的批判话语融入海德格尔：阶级此在、经济政治遭遇、社会的周围性。（2011）

海德格尔双重思境中的多重转换。一是在克服形而上学层级构境中：马克思的关系本体论→关涉（Sorge）论；存在者→存在；基始本体论→存在论；主-客二元对立→整体包围场境；对象化的表象认知→内居体验和意蕴；什么（Was）→怎样（Wie）。二是在绝弃存在层级构境中：存在→存有→本有；此在→此-在；解蔽真理（光亮）→归隐保真（星光）；占有性的存在之"要"→泰然让之；涌现的自然和对象化的世界→复归天地人神的四重关系场境；这个星球上"次主人"→本有的看护者。（2011）

有敬畏才为人。没有了地狱，才在现世杀人放火。（2011）

《概念与境和考古学——"回到马克思"的一种再归基》：物；资本主义；异化与外化；社会存在；关系等。（2011）

马克思是从直观对象物到实践活动，而海德格尔是从存在者到交道。（2011）

犬儒主义意识形态（斯洛特戴克）：齐泽克的解释是对马克思《资本论》中一段表述的改写。马克思指认自由竞争时代的人们："他们不知道自己在做什么，但仍然为之"，而今天的资产阶级则是"他们知道自己在干什么，却仍然为之"。（2011）

马尔库塞的文化"大拒绝"→ 1968 的"不"→"巴托比政治"中的"我宁可不"。（2011）

"行动的深渊"：悬置象征构序，一切归零。世界处于黑夜状态，新事物从黑暗中走来。（2011）

犬儒主义意识形态：《怪物史莱克》，被解救的姑娘不再变成公主，就是丑八怪，幸福地丑着。我就是"不要脸"，我是流氓我怕谁。（2011）

阿甘本的"例外状态"是一个暂时的无法空间，日常生活的法规被悬置，或者是在"法"上打叉——"悬法"。（2012）

海德格尔知道，自己的本真思想在当时的学术治安场中绝不会被理解，必成"噪音"，这是他写秘密文献的缘起。（2012）

逻辑噪音是不可理解的话语。（2012）

朗西埃的"治安"不等于国家机器，而是隐秘的法规中社会成员的有份和无份。（2012）

在学术治安场中，无份的人说话是无效的。（2012）

争执：一个有资格的学术主体针对一个看不见的被同

一化了的对象的拆解。（2012）

阿尔都塞的问题式，是一种看不见的、内化了的逻辑治理结构，福柯的知识型也是。（2012）

频次数据下权力话语的转换。（2012）

《海德格尔全集》的第 61 卷《对亚里士多德的现象学解释》，是他从现象学中走出来的一步，一些极其重要的范畴都是从这里开始蜕变的。文本形式上，很像马克思的《1844 年经济学哲学手稿》，因为，其中包含了一些逻辑矛盾和冲突。（2012）

关涉（Sorge）与关系（Bezug）的差异：关系是事物或主体之间的关联，而关涉是主体有目的地涉及对象或主体，而不是"之间"。（2012）

现象学是一种逆构境。（2012）

马克思的《关于费尔巴哈的提纲》中有两个变革点：一是第一条中的"存在论"革命，不是实体性的对象，而是实践活动，这对应后来海德格尔的存在者与存在的差异；二是"关系总和"那条，不是实体性的主体，而是关系存在，这对应后来广松涉所说的"物象化"透视后的关系主义。（2014）

境的质性：成境，为主体心身突现的"高峰体验"→思境、诗境、艺境、乐境、情境等，境不是一种状态，而是境界。（2014）

场为外部力量线构成的非主体拓扑场境突现。（2014）

斯洛特戴克的"在境之中"（Sein-in-Situationen）是

海德格尔的"在世之中"的升级版。（2014）

资产阶级的启蒙缘起于殖民主义的码头。（2014）

远程登录中的存在论改变：电子化在场中的时空畸变与真伪虚拟主体。（2014）

网络中的用户替代读者主体性，用户不需要受教育，这是对读者主体的杀戮，网络用户夷平一切现实中的等级和差异，下流为最底层，这是网暴的真正本质。（2014）

过去的封建"名流"是打江山后论功行赏的结果，资产阶级世界的成功人士则是财富占有，而当下的媒体制造的明星则是反复光照后虚拟出来的"无功之人"。（2014）

"势"：在境之外的关系力量场中客观形成的有向量的趋势。（2014）

势有可能是场和境之间的东西，也是我们中国文化中的关键构境质点：得势—失势、优势—劣势、大势所趋—大势已去、势头、局势、形势、因势利导、审时度势、势不两立、势如破竹、势不可挡等。（2014）

《老子》第51章：道生之，德蓄之，物形之，势成之。（2014）

负熵为有序，有序排成一个梯度就是势。（2014）

关系场是力量作用的结果，势是力量中的趋向。场境是弥漫的，是一种无形无构的状态，而场境的有序构式则会呈现某种有趋向性的力量结构，即客观的势。

由势再入境，势是"自然"力量中的构型，而入境则是重回主体。（2014）

海德格尔的"怎样"，已经是存在的占有方式，而本有则是"不怎样"（弃让存在）。"让物物着"。（2014）

福柯在《规训与惩罚》中的部署，已经在接近势的概念。在政治部署中，操纵者深藏不露。（2014）

资产阶级崇尚的是无目的的手段，韦伯将质性的价值合理性判了死刑，形式合理性是**手段本体论**，这里内在地对应作为手段的货币，金钱没有质性，也对应于"中立的"工具理性。（2015）

布尔迪厄"学术人"的入门仪式：假造一种无意识的观点上的一致和交流，与隐秘对手之间的主题、观念

上的相互借用，心照不宣的参照，熟人圈子里才明白的影射等等。（2015）

布尔迪厄《区分》中的社会位置分析：通过占有物和象征财富建构出社会空间中的一种位置。比如"学术大佬"——礼节上优先地位（优先发言权）、驳不倒的观点、排他的唯一性等。（2015）

残酷戏剧：撕下面具，揭露谎言、懦弱、卑鄙、伪善。（2015）

入境对应于入序，而破境则对应于祛序。（2016）

注意一般智力成为活劳动的主体，科技实践中的原创性劳动与劳动价值论的深刻关联。非及物的构序与物性生产实现的分离，使商品的使用价值和价值抽象的

复杂程度大大加深了。（2016）

传统劳动生产中，劳动的塑形和构序是内化于劳动者的一体化体-脑劳活动中的，"手巧"即给对象一个存在的有序结构，手＋工具则塑形和构序对象。而科技劳作则将这种"巧"（技能）抽离出来，构序成为一个独立的活动，这是一种新型的非及物劳动，而塑形对象的对象化仍然存在于实际的物质生产过程中，劳动生产过程成为两个时-空上可分离的部分。在现实的资本主义国际化劳动分工中，原创性的科技构序留在欧美发达国家的"硅谷"一类研发母体中，而商品物质塑形的劳动则游离到劳动力价格低下的地区。（2016）

在后福特主义的时代，资本主义生产的原创性构序和构型是科技发明的本质，智能劳动的活劳动成为劳动价值论的主导性和决定性的方面，而作为自动化机器直接塑形产品附属的体力劳作则成为劳动价值创造的微小方面。社会必要劳动时间的内涵将发生较大的改变。（2016）

今天非物质劳动的核心成了马克思曾经讨论过的协作和合作关系，剥削的核心是非个人的协作劳动力。（2016）

雇佣劳动的变化：从直接雇佣关系中的直接从属资本变成自雇式的间接从属。（2016）

Information（信息）由 formation（赋形）而来，实为内在赋形之意。（2016）

成立南京大学 MEGA^2 研究小组，在新的母语层面重

新"回到马克思"。（2016）

从早上起床有经验主体恢复开始，对象关联建构、记忆系统的重构：孩子的发生学建构快速重演，在瞬间完成主体性。睡觉则是关闭主体构境。（2018）

列斐伏尔的《空间的生产》是晚期马克思主义的关键性文本，是他从人本主义话语转向历史唯物主义的理论节点。（2018）

（1）马克思-索恩-雷特尔的现实抽象：交换活动的客观抽象→结晶为价值等价物——货币（资本）；
（2）列斐伏尔的具体抽象：人的日常生活抽象为社会存在空间，如走出一条路，活动的街道，居住的房子，节日的广场，跳舞的舞厅，吃饭的饭馆，倒闭即关闭社会空间，空间实践与具体的抽象。（2018）

时间的具体抽象：四季的轮回中的自然时间，人的生命绵延中抽象出来的内在时间。（2018）

工业第一次生产出"社会存在"，反自然的存在，海德格尔的存在之确立。由人的活动（实践）抽象为空间。（2018）

社会定在概念从《共产党宣言》中复出，是与狭义历史唯物主义的建构相关，之后的《1857—1858年经济学手稿》和《资本论》的讨论都是特定的社会存在。（2019）

波希米亚（Bohemian）原指豪放的吉卜赛人和颓废派文人，之后逐渐转喻为那些摆脱了世俗规范、带有文艺气息的知识分子。从"小资"到"小波"的转换是有趣的。小资是景观支配下的东西，而小波则是从景观中逃走的文化知识分子的造反。小资是物欲中的精致，是异化，而小波则是出世论的，以尼采、凡·高为先行，在法国则是达达主义、超现实主义、情境主义等先锋艺术思潮，反对"三点一线"的现代资产阶级现代性生活（麻木的日常生活）。让生活成为艺术。（2019）

游戏不是真实生活，只是一个暂时的、为了好玩的事情。如同教堂和庙宇隔出一块超出日常生活的圣地，游戏也是非功利的嬉戏过程。然而，资本却将其变成赚钱的工具（电子游戏和网游）。（2019）

拜物教不仅仅是一种主观观念，事物化也非"关系颠倒"就完了，关系背后是客观存在的场境。人们崇拜金钱不是因为观念，而现实中真的客观地出现了一种物的构境。拜物教反映的不是抽象关系，而是这种关

系不停建构起来的伪境。这是构境论维度。（2019）

从关系到场境：物象化→关系颠倒。卢卡奇的物化不是关系，而是流水线的伪境，前提是工人真的成了对象工具支配物。胡塞尔现象学中的"以上"是场境，而非关系。广松涉议认识论的主体通常是个人，少了社会认知的场境维度。角色即伪：工具性、工具性社会分工中的位置（拉康和瓦纳格姆对角色的批判）。（2019）

青年马克思的"下流的唯物主义"→物质利益占上风→市民社会（个人欲望）→劳动异化→历史唯物主义生产话语→经济拜物教批判→经济决定论（第二国际的误认）。（2019）

（1）生命：自然熵化的无序过程→有序的负熵和自

组织生命过程→生命体的植物和动物→劳动生产塑形和构序的人。（2）人的个体主体的历史性生成（＋皮亚杰-拉康）。（2020）

日常生活在惯性言行中入序，这是由基础教育完成的举止规范、语言得体、伦理正向和心理健康，高等教育的社会教化，以及社会场境的入序：劳作（生产与工作）的塑形和构序，社会关系赋形，时代构式、生活方式筑模和意识形态质询。（2020）

诗歌的此-彼构境，舞蹈的不及物构序姿势链（芭蕾的特有姿势系统和布鲁斯的祛序步法）。（2020）

工具性模板激活构序：作为人的身体义肢的物性工具，是在再生产中重新激活劳作塑形和构序的外部持存模板（燧石→石斧→铁犁）。机器已经不再是主体劳作激活

构序的模板，它已经是技术纯粹构序的反射对象化，自动数控机床是科技塑形和构序的客观工序运作。（2020）

关系异化→场境异化，这是伪境的根本质性。（2020）

儿童的识字、辨色和玩具是塑形、构序和赋形之始，而游戏则获得场境模拟的训练。（2020）

注意编码与构序的关系。编码和解码是构序在象征关系层面的持续，它替代了直接物性操作，这是后来计算机虚拟空间纯粹构序和塑形的前端，0101 的比特构序，取代了象征符码的复杂性构序。（2020）

市民社会 I ——政治国家共同体：市民社会 Ia ——亚里士多德的政治共同体，市民社会 Ib ——霍布斯的资产阶级政治国家共同体；市民社会 II ——斯密–黑格尔的资产阶级经济关系共同体；市民社会Ⅲ——黑格尔对资产阶级经济市场的超越；市民社会Ⅵ——马克思独特的经济的社会形式中上层建筑的经济基础。（2020）

赫斯交往异化的资产阶级意识形态本质：交往异化的前提——"小贩世界"是斯密《国富论》中"人人都是商人"的变种，而马克思的劳动异化已经穿透这种虚假的主体际关系，直接站在了被剥削的工人的立场上。（2020）

斯密–黑格尔的市民社会Ⅱ的本质是资产阶级意识形态的表现，因为"人人是商人"和"原子化的个人"之间的需要–交换体系是幻象，资产阶级世界的真正基础，是资本对工人劳动者的经济盘剥。（2020）

青年马克思劳动异化理论的逻辑入口：（1）斯密的

劳动是私有财产的主体本质；（2）黑格尔的劳动外化对象性异化及其扬弃（《精神现象学》）。（2020）

《1844年经济学哲学手稿》的秘密在于黑格尔的《精神现象学》：（1）主体外化对象性—异化—扬弃（收回自身）；（2）物的有用性背后找到主体本质；（3）扬弃市民社会 = 国家–世界历史。（2020）

境是**多**出来的东西，赋形和构式也是如此。"多"是我们加在事物、存在和意识中的东西。（2020）

马克思假设了机器是工人对象化的劳动，却忽略了机器生产中内嵌的设计机器的技术劳动者的活劳动，这应该是 C（活劳动）新的方面。当机器化大生产不再是以工人创造性的劳作活动为主，而只是设计创造（纯粹塑形和构序）的对象化时，"C"（活劳动）

就已经发生了结构性分裂：C1——工人的体力劳动；C2——智能劳作。C2 并不是与体力劳动对立的脑力劳动，而是一种十分复杂的新型劳作。（2020）

编程劳作的两个层次：源代码编程和复制—本土化生产。（2020）

如果计算机操作系统成为固定资本，那么它的损耗和更新形式是更加复杂的。（2020）

马克思的异化理论：（1）《穆勒笔记》中的劳动异化构式Ⅰ；（2）《1844 年经济学哲学手稿》中的劳动异化构式Ⅱ；（3）广义的劳动异化构式Ⅲ——《1857—1858 年经济学手稿》中商品流通领域中的交换价值异化、货币权力异化和生产过程中的资本与劳动异化，《1861—1863 年经济学手稿》（狭义的

劳动异化构式Ⅲ）中生产过程中的作为劳动条件的
资本关系异化、劳动能力的异化、劳动协作的异化、
劳动分工合作的异化、机器的异化、科学技术的异化，
分配领域中的剩余价值形式异化（利润、利息和地租）。
（2020）

在《1857—1858年经济学手稿》中，马克思的社会
总体性概念是指一个社会中占统治地位的生产关系有
机系统，后来的形式从属和实质从属问题都是由此缘
起。（2020）

马克思在《资本论》中将劳动异化理论转换为经济拜
物教批判，这是对通俗阅读视域的让步，但这会使异
化理论的深刻性大打折扣。（2020）

确定《回到马克思》第二卷。（2020）

农业和畜牧业中人的劳动塑形和构序是外在的加工，并非改变自然物质存在质性和生命负熵的本质，而工业生产从一开始就是彻底塑形自然的存在形式和内在有序性，商品-市场经济会生成另一种新型的塑形和构序结构：无序竞争中交换和生产的盲目性进程中的自组织过程。（2020）

应该将认识论问题嵌入《回到马克思》第二卷中：（1）人本学劳动异化理论中的现象学-认识论批判；（2）历史唯物主义构境中的历史认识论；（3）经济学语境中历史现象学基础上的科学的批判认识论（经济拜物教的弱化形式）。（2020）

马克思对资本主义生产方式的科学认识（市民社会→资产阶级社会→以资本为基础的生产→资本主义生产方式），应该是他继哲学上的历史唯物主义、经济学

中的剩余价值理论之后的科学社会主义中的**第三个伟大发现**。（2020）

黑格尔《精神现象学》中的否定辩证法透视，才是《1857—1858 年经济学手稿》和《资本论》中的批判逻辑，而非那个"从抽象到具体"的逻辑。（2020）

社会先验与先天综合判断：（1）农耕社会中的社会先验——农业生产中的自然血亲关系基础上的宗法结构，认识论固化为天生的等级和循环时间逻辑，神性意识形态幻象给予这种观念先验以合法性；（2）工业社会中的社会先验——生产塑形、构序和关系赋形、劳动分工下的协作关系中的生产方式，它成为先验观念意识形态的客观前提；（3）商品-市场经济中交换关系客观抽象生成的货币-资本逻辑，以及经济拜物教的先验模式。（2020）

马克思的三大社会形式：人的依赖关系→物的依赖关系→人的全面自由共同体关系，是三种不同的先天综合判断的社会先验基础。（2020）

1.《关于费尔巴哈的提纲》中非物象化的第一层级有两步：一是从对象到活动，二是从活动到关系。怎样活动：实践（生产）→关系方式。

2. 活动：对象化活动、主体外化。从主体出发：实践—生产—劳动。

3. 活动→塑形与构序，让对象变形和有序。实践和生产是对象化活动（劳动对象化）。

4. 关系是怎样对象化的：赋形是对象在生产劳动中获得一定有序性的方式和系统。构式已经是社会层面上的有序规则：生产方式是对象化在社会尺度上的功能结构。

5.《关于费尔巴哈的提纲》第二条中的"改变环境"→

《德意志意识形态》中"我对我环境的关系是意识"。经济构序和赋形是观念赋形（构境）的现实基础。

6.《1857—1858 年经济学手稿》和《1861—1863 年经济学手稿》中的劳动塑形、生产构序、协作和分工结合的赋形与构序，再到资本的社会筑模。

7. 科学技术将塑形和构序抽离于劳动生产过程，成为新的主体智能活动的对象化。（2020）

历史性时间的线索是历史认识论的基础。（2020）

定在概念在《德意志意识形态》中消失在"一定的"（Da）、"怎样"的关系构式中。（2020）

相机倒置成像原理成了马克思批判认识论的参照机制。（2020）

黑人非天生的奴隶是场境关系存在论的重要表现。
（2020）

《德意志意识形态》中出现的"自主活动"，是异化
构式的**逻辑没影点**之一．它与非自主的物的力量相对
立，并历史地与物质生产分离。（2020）

1. 第一层级非物象化透视：物象→活动（对象化）——
塑形物（改形）和构序（人序）。

2. 关系赋形性质：怎样塑形和构序，一定的功能方式
（社会先验方式）→筑模（功能性动态）。

3. 意识活动：思的当下发生，认知构式赋形个体感知
和观念生成，逻辑构式已经是"先天综合判断"（观
念筑模）。

4. 第二层级非物象化透视：关系再反向对象化。物→
被劳动活动所改造（使用价值）→交换关系的客观抽

象——价值关系→经济关系物象化——事物化颠倒→经济拜物教。（2020）

社会负熵与精神负熵：社会负熵——生产构序、关系赋形、方式筑模；精神负熵——从经验混乱中知觉构序、观念赋形和逻辑构式，最后是思想构境。（2021）

（1）物之序—负熵（生命）；（2）人的生活之序—市场熵增中的自发有序—自主活动构序。（2021）

人的血亲关系有序（人的依赖性关系）→经济物象化有序（物的依赖性关系）→人的自由人联合构序（个人的全面发展）。（2021）

人的直接亲情关系场境→金钱中介了的事物化关系场境→人的自主活动场境。（2021）

相对于青年马克思《巴黎笔记》中的李嘉图笔记Ⅰ，《伦敦笔记》中马克思再次写下了"李嘉图笔记Ⅱ—Ⅲ"，其中李嘉图笔记Ⅲ是最重要的，因为这是他第一次正面思考劳动价值论和经济物象化问题。（2021）

斯密经济学的基础是工场手工业，所以劳动的作用是显见的，而李嘉图经济学的前提已经是机器化生产，科技的作用使劳动价值论开始动摇。（2021）

马克思思想中的客观抽象问题：一是索恩-雷特尔注意到的商品交换中的现实抽象（交换关系—价值等价物—货币—资本）；二是工艺是劳动功能的客观抽象，技术是这种客观抽象的结果，机器是技术的重新客体化。（2021）

技术抽象→科学实验的转化，实验是科学抽象的前提。

实验是人为的客观抽象，它替代了工艺劳作中的客观抽象。（2021）

广义历史唯物主义构境中的**社会历史先验**：生产力—生产关系—生产方式。（2021）

意识现象的突现已经是精神负熵，因为经验杂多在先天构架中被自动规制为统觉、知性和逻辑话语，这都是新的有序性。但是构境已经不是简单的有序，而是人独有的境界。所以，它将是不可替代的。（2021）

工艺学史实际上是一部劳动塑形、构序到科技构序且反射对象化为机器生产的转换史。（2021）

劳动和生产的前提都是对自然序的祛序和对自然关联的脱形，甚至有些是从生物的负熵返熵为无序的原

料（如动物的皮毛），然后才会发生劳作中创造性的塑形和构序，以生成新的社会负熵。（2021）

开始是消除自然关联的 deformation（脱形），然后是创造社会负熵的 formation（赋形），之后才会有内在的 information（信息）。（2021）

工艺学将改变历史认识论的对象：更加关注劳作改变对象的形式、有序性和构式。（2021）

"观念工艺学"：先消除旧有的观念（现象学的还原），让旧观念构架祛序和脱形，异轨为新认识。（2021）

马克思的"反自然"，是物→事物，自然物的失形和祛序是这种生产劳作中"反自然"的关键性的一环，然后才会发生劳动塑形和构序后的用在性新存在形式，再赋形上手功能链的完整构式，突现场境格式塔。
（2021）

历史辩证法的复杂历史形态：社会质的确立的前提是自然质的祛序、自然关系的脱形，而社会构序（上手的用在性）却在经济活动的市场无序性中返熵，最终再达及有计划的生产构序。（2021）

鞋子的"合脚性"是社会生活有序的细微质点，我书房中任何一本书的位置，是我心中的有序，这是生活构序的点滴。（2021）

巴伦博伊姆、帕尔曼和马友友的合奏，是三个音乐灵魂之间的合作、相互呼应，现场构境为有精神关系的音乐空间。室内乐、"八只眼"男声演唱组和"黑鸭子"演唱组合演奏和演唱中的合作与合声构境。（2021）

本雅明的灵韵（aura）是在手艺消失中消逝的。（2021）

生命负熵→劳作塑形和构序的社会负熵→经济熵增-自发构序的社会历史负熵。（2021）

科学技术异化是马克思思想中最难的部分。李嘉图只涉及"机器价值论"，而没有进入科学技术"价值论"之中。科学中的实验对生产过程的模拟，这已经是从劳作中现实抽象出来的纯粹塑形和构序，而之后的计算机技术则进一步将其虚拟化了。劳动价值论必须面对这些全新的创造性活动。（2021）

简单劳动与复杂性劳动的新解：计算机行业中创造性的源代码编程是复杂劳动，而"码工"（新蓝领）所做的重复性的复制和本土化编程则是简单劳动。（2021）

海德格尔的存在论背后的秘密：自然材料（本有）通过劳动生产中有目的的"何所向"（需要）关涉–操持对象，让本有向我们"涌现"出来，这一特定的劳动生产活动（存在）瞬间消逝于变形的对象（存在者）之中，而被遗忘。从产品的现成性出发即生成形而上学，海德格尔归基存在即归基劳动生产。所以，他的本有论就没有被劳动所改变的天然性，"让物物着"。物被打开和解蔽，实际上是劳动打开：失形和脱形于自然→社会负熵。（2021）

不同于广义历史唯物主义中的生产话语，狭义历史唯物主义的核心是**劳动话语**，由此建构起历史现象学和科学的批判认识论。（2021）

生产力通常表示一定历史条件下生产的水平和能力。社会生产力则是"人们共同活动"创造的生产能力，有如简单协作劳动和劳动分工之后出现的工人间的合作。它本身就是关系场境突现出来的创造力，属于工人们，而非工人个人，可是，机器生产却消除了这个"工人们"的存在。（2021）

社会历史先验是先天综合判断的现实基础。康德发现了个人认知活动受制于先在的观念构架，可这一构架本身却是一个时代社会生活中现实的社会先验构架。这首先是生产力–生产关系构成的先验的生产方式，其次会是索恩–雷特尔所指认的资产阶级商品–市场交换关系构成的经济关系先验构式。这种双重社会历史先验建构起一定的观念先验构架。（2021）

物象化第一层次也是一般物象化，物象化第二层次是经济物象化。应该用**物相化**取代日本学界通用的物象化。因为"象"仍然带有主观显象之嫌，而物相为科

学术语，也暗含从古希腊开始的那个爱多斯实现出来的对象性之相。（2021）

狭义历史唯物主义的"物"是经济 Sache（事物）——货币和资本一类关系颠倒后的经济事物，这一点不同于广义历史唯物主义中的"物"——关系场境。（2021）

历史现象学是存在论，即客观发生于经济物相化背后的隐匿本质的破境，而科学的批判认识论则是从认知尺度对历史现象学的主观把握。（2021）

不同于奴隶的一次变卖，雇佣劳动是按时间（或计件）一点点变卖。（2021）

货币—资本的经济物相化—异化—事物化颠倒的伪场境，都是客观发生的事情，人们不是仅仅陷入观念上的经济拜物教，而是存在于经济物相之中。这是海德格尔没有涉及的方面，并且，巴塔耶的世俗世界和鲍德里亚的"物体系"（生产之镜）都是一般物相化，而没有更深地涉及经济物相化层面。（2021）

马克思《关于费尔巴哈的提纲》中证伪的"对象性"是物质实在，一般物相化透视是从"存在者"归于实践（存在），而经济物相化透视则是在事物化颠倒中，关系再成为物的伪相，经济存在论是对存在的进一步遮蔽（有用→可变卖）。（2021）

马克思的"第三个伟大发现"：对资本主义生产方式的科学认识，而不是社会主义一般概念，其内核正是从狭义历史唯物主义、历史现象学和科学的批判认识论透镜中，发现剩余价值的秘密。（2021）

黑格尔《精神现象学》最后一章中使用的"漠不相干的异己性"，后来成为马克思《1857—1858年经济学手稿》中描述资本关系的无辜假象。（2021）

进入资本主义生产过程的机器、原料和厂房"不是它自身"，这里的"不是它自身"一是解蔽不在场的对象化劳动，二是揭露被货币购得的对象化劳动。这里是作为资本关系的场境赋形，剥削的秘密就在这里：资本家是用工人创造的对象化劳动换取工人现在的非对象性活劳动，其中，活劳动保留原料的原价值和劳动力价值，再创造新的价值。（2021）

"打赏"始于微信表情包，它不是先交钱后使用，而是先无偿使用后，好即打赏。抖音中的打赏机制也是如此，"先看，合适看着给"。这是数字化平台资本主义中数字劳动的另一种形式。（2021）

马克思的科学的劳动异化构式Ⅲ：广义构式包括《1857—1858 年经济学手稿》中流通领域中的交换价值异化、货币权力异化，生产过程中的资本关系异化和劳动能力异化；以及《1861—1863 年经济学手稿》中（狭义构式）劳动异化理论——生产过程中的劳动条件异化（资本关系异化）、劳动能力异化、简单劳动协作力的异化、劳动分工条件下结合力的异化、机器异化、科学技术异化，及分配领域中的剩余价值形式（利润、利息和地租）异化。消费异化是留给未来的。（2021）

劳动生产塑形和构序生成人超出动植物生命负熵的社会负熵（用在性），而使用价值向交换价值的转换，也是一般社会负熵向商品市场经济负熵的转换的起点。同理，不同于经济负熵中的物的依赖性关系，奴隶-封建制度中占统治地位的是血亲-政治（宗教神性）的人的依赖性关系中的社会负熵，而原始部族

生产中则是由亚生命负熵主导。（2021）

还应该区分劳动塑形和构序生成的一般用在性社会负熵与社会关系赋形生成的特殊社会关系场境负熵的差别。前者是基于物质生产和再生产的全部社会历史的基础，而后者则会表现为不同的有序社会关系场境。（2021）

社会构序与关系场境——社会负熵，观念构境——精神负熵。（2021）

（1）生命负熵（有序组织化）：从无机物到有机动植物的生命机体；（2）社会历史负熵：劳动生产塑形是外部自然负熵失形进入社会负熵之始，生产构序则是自然祛序后入序于社会负熵的关键一步，社会关系赋形也是先脱形于自然关联再进入社会关系场境，社会关系构式和筑模都是更大尺度的社会负熵系统；（3）观念负熵：经验塑形、知觉构序、观念赋形、逻辑构式和思想方式筑模，最终进入特定的精神构境。（2021）

从社会负熵到社会**历史**负熵，是社会唯物主义到历史唯物主义的根本一步。（2021）

科学技术实践的**非及物性**：如同舞蹈的本质是非及物性姿势系统，科学技术实验和研究活动，都是在脱离具体的劳动生产过程后纯粹的塑形、构序和赋形创造，然后才有反向对象化于生产的过程。（2021）

《关于费尔巴哈的提纲》中"现实社会关系的总和"：（1）封建–奴隶制下直接性血亲–宗法关系的"总和"——天生下来的天子与平民；（2）经济物相化中的价值关系反向事物化为货币–资本物，而在主体层

面上，资本家是这种事物化关系"总和"的"人格化"，工人则是雇佣劳动关系"总和"的人格化。（2021）

马克思历史现象学构境中的三种**神秘化现象**：（1）商品（价值形式）的神秘化；（2）作为财富一般的金钱关系的神秘化；（3）资本关系在剩余价值分配形式上的利润、利息和地租的"神秘化的完成形式"。（2021）

在《1844年经济学哲学手稿》中，表层是费尔巴哈式的人本主义话语，而逻辑构式深层却是黑格尔《精神现象学》中的否定性的劳动辩证法。（2021）

惯性实践：（1）惯性实践Ⅰ。本质是简单再生产和日常生活。历史地看，在农耕文明中，自然经济的本质是循环式的惯性实践，工业生产才第一次使实践成为"改变世界"的创造性实践。《共产党宣言》中资产阶级生产关系的"不断变革",实质是工业生产的无限可能性空间和资本增殖的欲望。(2)惯性实践Ⅱ。机器化大生产中的同质劳动,不再有任何创造性,都被科学技术抽离了。（2021）

经济物相化中的双重消逝:一是劳动塑形和构序活动在用在性使用价值中的不在场;二是劳动交换关系在颠倒的事物化结晶中的不在场。（2021）

《1844 年经济学哲学手稿》中的意识异化是在劳动异化四层次之外的。意识异化→意识形态幻象。（2021）

社会生活中的失形与社会关系脱形,不同于自然物在劳动生产中的失形和脱形,顺序颠倒过来了,总是社会关系的脱形导致生活失形,其现实基础是生产方式

的革命。有如中国封建制度的解体（关系脱形），让男人失去长辫、女子不再裹脚。（2021）

马克思在《1857—1858 年经济学手稿》中提出的社会历史的"原始方程式"，是对社会历史"曾在"的具象化，这将成为劳动异化和事物化的"先有"。（2021）

两种客观抽象和反向对象化：（1）工具是手艺客观抽象后反向对象化为的生产模具，它就是它自身；而货币是价值关系的客观抽象反向物性结晶的价值等价物，这不是它自身，它畸变为财富一般。（2）工具本身不异化，只是到了机器化系统中后才出现与主体关系的异化；而货币一开始就是事物化颠倒中的价值关系异化，然后才有货币权力异化和资本关系异化。（2021）

物相化中的"相"即爱多斯（eidos）对象化出来。在黑格尔那里，自然物相化是非法的，而在劳动物相化中则是深刻的。爱多斯在胡塞尔那里，表达了与idea（理念）和form（形式）不同的意向性。（2021）

黑格尔的《精神现象学》：理念之相外化为物，对象具有消逝性，观念的爱多斯不在场；马克思在《关于费尔巴哈的提纲》中从物里看到实践爱多斯，生产制作即在场，让物以用在性塑形和构序：形为相之坐落，序即爱多斯本体。"存在"怎样成形，为序在。（2021）

商品的使用价值为用在性爱多斯，而价值则是变卖性经济爱多斯。（2021）

今天的数字化生存中，登录就是在场。（2021）

农业生产和工业生产中爱多斯的不同：农业、畜牧业的爱多斯是实现自然生命负熵，而工业的爱多斯则是全新的创造性塑形和构序。（2021）

工业生产中第一次出现了人的存在 telos（目的）→ logos（逻格斯）→ eidos（爱多斯），也有了工业的 poeisis（制作）。（2021）

物相化中的"相"即"蓝图"。（2021）

在黑格尔那里，物相化有三个层次：一是自然物相化，这是观念爱多斯塑形和构序"感性确定性"，这在认识论构式中是合法的，是康德认识论革命的表征，但在本体论中则是非法的；二是劳动爱多斯外化为对象性的物相存在，这也是观念的异化；三是市民社会中的经济物相化。马克思拒绝第一种自然物相化，而批

判性地接受了后两种。（2021）

斯密的劳动价值论的现代性本质：古典经济学的现实社会历史基础，是不同于农耕文明的工业生产，工业生产的结果不再是农业和畜牧业生产中的自然产品，而是人的完全劳动物相化的产品。这是"斯密是国民经济学中的路德"的更深含义。（2021）

配第区别了不同于自然财富的社会财富：自然经济中的产品是非物相化的，因为它并不是人的爱多斯的对象化，而是辅助自然负熵的完成。工业生产第一次让人的爱多斯实现出来，劳动物相化的工业产品第一次给予物质新的存在形式（塑形）和有序性（构序）。（2021）

物相化的复杂形式：（1）农业和畜牧业生产中自然的

非物相化；（2）工业生产的一般劳动物相化；（3）机器化大生产中的科技物相化；（4）商品-市场经济中无主体的经济物相化。（2021）

物相化：爱多斯之相，即人的效用构序内化为对象的存在形式（塑形）和新有序性构成（构序），在被改变的对象存在中，功用的上手性转换为物的关系赋形。（2021）

劳动物相化塑形是外相给予，它对应于经验塑形之表象（感觉之统觉），而构序则是内相给予，它对应于认知活动中的知性意义，进一步的关系赋形和构式则是关系相的给予，对应于话语背后的逻各斯。（2021）

科技物相化：不再是手工艺劳动主体（直接目的和爱多斯）的物相化，而是智能劳动非及物塑形和构序的

反向物相化。（2021）

两种客观抽象的本质差异：技术抽象是抽"相"，是将技艺之相提炼并抽象出来，反向物相化为机器生产；价值关系抽象不是抽"相"（使用价值的用在性），而是将使用价值的用在性转换为抽象的必要劳动时间，反向物相化为货币-资本。（2021）

非物象化透视：（1）广义历史唯物主义中透视物的外相、内相、功用关系相和场境本质；（2）狭义历史唯物主义中的历史现象学和批判认识论则是透视经济物相化背后的劳动关系。（2021）

海德格尔的存在论应该给予历史维度，因为本有是非物相化的，没有上手的本有自然涌现之前，未被打开则没有暴力性的存在。（2021）

应该区分物相化与物象直观：物相化是肯定性的劳动生产的本质，它比变成对面的东西的对象化和客体都更加精准；而物象直观是停留于现成"形"（器物）上的感性确定性，物象之石化也就是海德格尔的存在者。透视物象，是黑格尔的精神现象学、马克思的历史唯物主义和拜物教批判、胡塞尔的现象学以及海德格尔的存在论的共同点。（2021）

物相化即海德格尔那个"是"（Sein-Being），变成"相"所是，物相化即存在成形为序场境的过程。（2021）

马克思后来的科学的批判认识论与黑格尔的精神现象学、胡塞尔的现象学和海德格尔的存在论差异说是一致的，都致力于把石化了的物象直观透视为物相化发生和消逝的不在场的在场性。不同在于，他们都没有进入马克思的**经济物相化**空间。（2021）

Ding（自然物）系虚假的自在之物，而 dingheit 为物性的假象，Sache：（1）物相化的人工物；（2）经济关系反向物相化后的经济事物（货币、资本）。（2021）

物相化与关系场境的关系：（1）物相化本身是人对自然的能动关系，之后也是社会关系场境的基础；（2）物相化不仅仅是个体性的活动，也包括工业生产过程中的共同协作活动。（2021）

人工智能主体是人创制出来的异化主体和亚主体。（2021）

马克思在《哲学的贫困》中指认"我们既是编剧，又是剧中的角色"：（1）存在论上的编剧和演员；（2）认识论中的编剧与观众。（2021）

埃舍尔的《画手》：农耕时代主要是自然之手，农业和畜牧业生产中的人手十分弱小，在认识论中，会是图腾自然崇拜–上帝之手；工业时代是人手和"看不见的手"，在认识论中则会是经济拜物教；后工业文明中出现了科技之手，网络存在中新的"看不见的手"。（2021）

埃舍尔的《画手》（1948）。（2021）

埃舍尔的"手"的隐喻是深刻的——手的存在论：马克思的劳动之手，海德格尔的上手性。但手中之笔会有改变，可以是手工业劳作中的工具，也可以是机器化大生产中的机器和后工业时代中的电脑。（2021）

除去生产劳动的物相化，还应该包括人的主体物相化和社会物相化。（1）因为劳动生产也改造人，如人的双手、直立行走和大脑容量等，只是人的主体物相化开始时会是一种无意识的自然发生过程，一直到整容和健身阶段才成为自觉的物相化；（2）怎样生产必然规制特定的生活方式，人们以一定的目的改造社会制度是更重要的社会物相化。（2021）

在黑格尔那里，主体物相化表现为观念之相的道成肉身，这不是指个人激情，而类似"马背上的绝对精神"的主体物相化实现。（2021）

社会物相化是自觉地创造社会关系场境，由外部物性设施每天重新激活，如房屋中的日常生活，建筑物中的社会生活（议会大厦中的政治、法律，警察局中的暴力工具，学校中的教化等）。（2021）

工具模板激活劳动生产重构，生活用具、建筑物激活

生活场境和社会生活再现，这正是列斐伏尔所指认的社会空间场境。（2021）

唱片重构音乐现场，文本重现作者想法，概念工具激活思想构境。（2021）

"石头无世界"（德里达语）。从旧的世界概念向关系场境世界转换中，对象世界已经是上手世界。鲍德里亚的"物体系"。（2021）

社会是人们交互作用的产物，社会物相化不同于一般生产物相化——人对自然的单向塑形和构序。社会物相化中的交互关系即场境突现，其中不乏冲突和对抗，即布尔迪厄所指认的力量角逐，直到马克思憧憬的未来自由人联合体，可能才会摆脱冲突和对抗。（2021）

自然生命负熵与社会历史负熵的差异：自然生命负熵是生物机能的属性，不使用则退化，如人的尾巴的消失，而社会历史负熵只是在人的生活场境中功能性的突现，笔不写字，刀不切割，锤子不敲打，喇叭不吹，机器不开动，则通通不存在。不再进入社会生活场境之中，则会自然熵化，有如我们家中堆放的磁带录音机、VCD 机、BB 机，就这些物品自身而言，原来的劳动塑形和构序都在，但用在性关系场境不在，它们实存，却不存在。（2021）

社会空间：（1）农耕文明总体上基于自然物理空间，但在乡村和城镇的建设（道路和住房）方面，已经开始出现社会空间的物相化实践；（2）工业生产中的空间已经不再是自然空间,而是社会物相化的结果（城市中的生产厂房、库房和运输线等）；（3）作为经济物相化空间的直接物性设施（商店、交换市场和殖

民海上通道等）。（2021）

马克思说，在资本主义的生产过程中，时间上的活劳动与空间上的对象化劳动相遇，这里的时间是劳动力生命绵延的内在时间，而非物理时间；此处的空间也不是外部的物质广延性，而是社会物相化的社会空间，它由特定的物质生产塑形和构序生成物品的用在性关系场境空间，在进入资产阶级的商品-市场经济物相化空间之后，再变形为用金钱购得的原料、机器与劳动者的客观生产活动空间。这里马克思要透视的本质为：金钱是劳动交换关系（价值）的异化和事物化颠倒，而投入生产中的原料和机器，则是这种异化（遮蔽起来的对象化劳动）与工人活劳动的盘剥关系，这是一种无法直观的隐秘空间。（2021）

物理空间——放置、对象位置和空地；社会空间——

人的力量关系角逐、相互冲突的关系场境空间；逻辑空间——思想观念的冲突与整合场境；虚拟空间——计算机操作的设计和编程实现的纯粹塑形、构序和赋形场境。（2021）

历史时间概念：不同于客观流逝的物质运动持续性，历史时间是人的生命绵延的内在时间，但它也受制于不同的社会历史质性，有如农业生产的四季循环时间，工业生产的线性进步时间，商业交换中的金钱伪时间，以及今天网络时代的数字化电子即时时间。（2021）

未来的时间常常以爱多斯的目的走向为前提，生命的创制是在当下以未来时间为驱动，将过去时间提升到三元时间连续统中来。在农业生产中，未来时间的目的是已知的"四季循环"，而工业生产的未来时间（目的）则是开放的，是求知之新。（2021）

构序在海德格尔那里是"入序"，在鲍德里亚那里叫"编码"，而德勒兹则将其指认为"辖域化"。（2021）

构境中的"没骨"：中国画中线条轮廓和书法中的笔画没影于情境之中。（2021）

不在场的在场性：在对象物中消逝的劳动活动，当下发生即逝的关系和怎样生产的方式，在经济物相化中更加复杂的资本关系的不在场的在场。（2021）

经济物相化中的在场与不在场：（1）从劳动交换活动中客观抽象出来的价值关系——不在场的在场；（2）货币是价值关系的反向对象化，可它不是它自身——在场的不在场；（3）资本关系是不在场的无处不在——市场上购得的劳动者物相化为劳动力使用权、所有劳动条件（原料、机器和厂房等）都是资本关系的

不在场的在场。由此，**资本家总是不在犯罪现场。**（2021）

在场即涌现。一个东西在场，总是面对主体关系，在场即主体化的对象，人的当下活动。动物**没有关系**，所以它不在场。（2021）

物相化与在场的关系：物相化是人与物在场的前提，物相化不仅使其他人具有上手性关联，也使人作为物相化主体在场。然而物相化活动发生即消逝，所以构成在场与不在场的辩证法。（2021）

在场与到场的差异：到场是实存，在场是入序于社会场境关系。（2021）

海德格尔说："存在将存在者一定带入到场，自身显现为在场。"他还讲，"存在将解蔽带给存在者之后

抽身而去”，这个抽身而去＝黑格尔的意识设定对象物之后的“瞬间消逝”。（2021）

经济物相化中的对象到场（商品、货币和资本物），被遮蔽起来的社会关系表现为不是它自身的现成性（自然属性）。（2021）

经济被抛性：人在自己创造的市场经济中失去自主性，这是物役性本质之一。（2021）

海德格尔无法进入劳动分工中的劳动力协作和结合所创造的共在，更不能认识经济物相化空间中市场交换关系的自发性“关系总和”与货币关系生成的**伪共在**。（2021）

在场是指进入人类社会历史构境之中，只有人有目的的活动和关系才是在场性的：实践、生产、劳动、智能与思想，人对物、人与人之间的关系是当下发生即消逝的在场。物到场，用在性即它的在场。可经济事物（商品）在经济物相化关系中的到场却不再是用在性（使用价值），而是变卖性的伪在场。这是一种目的上的异化："忙钱"。（2021）

名牌商品和炫耀性商品的高价、二手商品的断崖式贬值和拍卖市场中的商品升值是否违背劳动价值论？（2021）

海德格尔自然之涌现的历史辨析，主要指本有的自然物（粮食、家禽、木制品和皮革制品）通过人所需要的用在性，向我们存在；可化工产品、机械产品和更复杂的电子数码产品已经不再是本有自然的简单涌现，而是人工物的重塑。这背后可能是工业与农业、

畜牧业和手工业的差别。（2021）

经济事物和物相不是通过生产劳动创制的，而是在商品交换中的客观抽象和事物化颠倒中生成的。（2021）

商品的经济**物相**（"值多少"）是不可见的，表象为不断在市场中变动的价格，这个**物象**有时会背离"交换价值"。（2021）

对象化劳动：马克思《1844年经济学哲学手稿》中的对象化劳动，是黑格尔＋费尔巴哈的劳动外化-对象性到自然改变中的产品，实质为劳动塑形和构序对象；而在后来《1857—1858年经济学手稿》中出现的对象化劳动，则不是劳动物相化的直接结果，不是用在性的使用价值，而是抽象劳动的对象化。这个对象化是经济关系场境，此时生成的"对象"是齐泽克

后来所指认的"金刚不坏"的崇高对象。（2021）

主体物相化的两个方面：一是身心不断强大起来，五官与大脑发达起来，这一方面没有爱多斯的自觉塑形和构序；二是主体能力的提高。在阶级社会中，主体物相化的内容是存在差异的，比如中国封建社会中妇女的裹足，其实质为迫害性的物相化。（2021）

社会物相化的内容主要是社会关系场境和制度的对象化建构，并且由外部物性附属物每天来复活和重构。（2021）

入序与入境的差异：入序为物和人进入特定的构序中的刚性有序系统，而入境则是社会场境和思想构境中的境界突现和"悟"，这不同于社会等级中的秩序位置或逻辑话语中的有序层次。（2021）

构境与记忆：人的记忆是大脑皮层中的物性持存的激活，阿尔茨海默病与大脑皮层中的病变有关，特定的场境无法被重新激活，"植物人"物性到场，却无构境。（2021）

电影生产的本质是碎片化的分镜头构件拼接，影像和音效的蒙太奇生产多层叙事构境。比如《海边的曼彻斯特》中，死去的孩子问爸爸："你不知道我们在燃烧吗？"（拉康语），以及《黑客帝国Ⅰ》中，尼尔手中鲍德里亚的《拟像与仿真》一书，都是属于深层构境中的东西，大部分观众是无法抵达这一构境层的。（2021）

经济物相化不是人的爱多斯之相直接塑形和构序物质对象的过程，也非人的主体物相化实现于人的主体存在，也不是人们自觉改造社会关系和体制的一般社会物相化，它是社会物相化的一种畸变结果。因为，经济物相化不是人的直接目的的实现，而是市场交换关系的自发产物。经济物相化的第一步，交换关系中现实抽象出来的商品价值的经济质，是特定经济关系的在场。第二步是价值关系的在场与消逝同时发生，这使得价值形式不得不反向塑形为物（货币）。货币的在场包含三个层次：一是制作货币的生产塑形与构序；二是使价值关系在场的经济有序性；三是货币成为权力的异化。第三步，货币转化为资本，即投入生产过程的劳动力、原料、机器和厂房等物性对象，它们不是自身，而是资本关系的不在场的在场。（2021）

机器是科技物相化的末端和物性结果，科学技术的非及物塑形和构序，生成一定的技术模板（早先的设计图纸→计算机编程），再反向对象化为机器生产物相化。在资本主义生产过程中，机器成为资本事物化的结果，它是工场手工业中劳动条件的异化。在这种生产中，机器在物相化生产中直接塑形和构序对象，不过是科技塑形和构序的物性实现，它转移的过去劳动中，既有马克思看到的体力劳动，也应该包括新型的智能科技劳动。（2021）

市民社会Ⅰ—Ⅲ，劳动异化批判构式Ⅰ—Ⅲ，现实抽象Ⅰ—Ⅲ，事物化颠倒Ⅰ—Ⅲ等，都是同一能指在不同话语实践场中的异质性突现结果。一个概念或观念，并非永远锁定在一种释义构境之中，而会历史性地生成完全不同的思想构境。（2021）

Information code（信息编码）：formation（赋形）→ information（信息），是赋形转换为内在构式的功能链的过程。赋形是关系与境的生成，而构式则是更加复杂的信息编码。在主观层面，则会有观念逻辑的整

体信息编码。（2021）

信息编码的历史性：（1）手工劳作中的信息编码，主要是工具为信息编码的物性持存，这一物性持存在下次劳动活动中重新激活为手艺；（2）科技信息编码，是在非及物的理想实验中完成的纯粹塑形和构序，特别是计算机虚拟空间中的信息编码，它最终实现机器生产中的科技成果对象化。（2021）

马克思的辩证法：早期《1844年经济学哲学手稿》中的劳动辩证法，《关于费尔巴哈的提纲》中的实践辩证法，《德意志意识形态》中的生产辩证法和历史辩证法，《1857—1858年经济学手稿》到《资本论》中的经济物相化中的经济事物辩证法，然后是观念思想中的辩证法理论。"马克思新阅读运动"将马克思的辩证法思想局限于价值形式的辩证法，遮蔽了马克

思辩证法观念的丰富性。（2021）

黑格尔的观念辩证法——革命辩证法的批判张力来自逻辑总体性；马克思1844年研究黑格尔的《精神现象学》，获得了革命的否定辩证法（在人本学的劳动类本质的驱动下）；《关于费尔巴哈的提纲》中的实践辩证法的本质在于改变世界；历史唯物主义中的历史辩证法的核心是一定的历史时间；再到《1857—1858年经济学手稿》的历史现象学中冲破生产过程的劳动辩证法。（2021）

自然辩证法的合理性：从无机到有机生命的负熵进程，生态系统中的生物链，人正是这种自然辩证法的结果。然而，**第二自然辩证法**则是一种出现在市民社会进程中的颠倒的特殊自然辩证法，这是经济物相化空间中出现的经济事物的消极辩证法。这可能也是青

年卢卡奇没有想到的方面。（2021）

《1844年经济学哲学手稿》中的劳动辩证法与黑格尔的观念辩证法一样，都是消逝在他性的自然物质之中，《关于费尔巴哈的提纲》的实践辩证法也是消逝于对象之中的，这使得实践辩证法变成难以把握的对象。（2022）

历史辩证法的本质是历史时间性，其本质是生产的辩证法。生产辩证法是人对自然的历史性能动关系——生产力与人的交往关系（生产关系）的矛盾运动，而生产方式则是生产辩证法的呈现形式。（2022）

历史辩证法进程中的不同状态：（1）农耕文明中"自然辩证法"居主导地位；（2）工业生产中劳动物相化的生产辩证法；（3）机器化大生产中科技物相化

的智能劳动辩证法；（4）资本主义经济物相化中经济事物的消极辩证法。（2022）

数字劳动异化：远程登录资本主义中的事物化颠倒，一种网络存在中的虚拟关联，大数据抓取中的自动编码，这是"第二自然辩证法"的全新赋形方式。（2022）

认识论历史筑模：人学现象学中的批判认识论→历史认识论→历史现象学构境中的科学的批判认识论。（2022）

先验构架的不同形式：（1）社会生产方式先验构式；（2）经济物相化中的先验构架；（3）"先天综合判断""科学范式""知识型"和"问题式"等。（2022）

马克思三种劳动异化批判构式的差异：（1）《穆勒

笔记》中的劳动异化批判构式Ⅰ还是一种解释社会现象的方法论工具；（2）《1844年经济学哲学手稿》中的劳动异化批判构式Ⅱ已经生成一种异化史观；（3）《1857—1858年经济学手稿》和《1861—1863年经济学手稿》中的劳动异化批判构式Ⅲ再一次回到资本主义经济关系悖反现象的方法论工具。（2022）

生活构序，个人生活行为中细微的有序性构成，比如我书架上的书序，抽屉中的衣物放置，我的贮藏室中各种物件的位置等，这是只有我知道的我与物的有序关系，它构成我特有的生活惯性发生。（2022）

我走进宾馆，发现原来用手去"拉窗帘"的动作变成了一个墙上的按键，当按下此键之后，却发生了电动窗帘的外部机械动作，这是一个反人性的"进步"，因为它正在剥夺生活本身中最重要的东西。（2022）

马克思在《1857—1858 年经济学手稿》中指认资本是对象化劳动时，并不是指一般物相化中的具体劳动对象化为商品的使用价值，而是指抽象劳动的对象化，这已经是一系列经济关系异化的结果。（2022）

劳动分工已经是一种社会关系构序，在成为"共有"的社会力量时被资本家无偿占有。（2022）

广义的劳动分工，比如农业生产中的不同技能，耕地、播种和浇水。狭义的劳动分工缘起于工场手工业内部的劳动分工，这已经是技术方式构序的改变。斯密第一次从经济学上概括了劳动分工的意义。（2022）

劳动分工条件下工人碎片化的劳动动作之整合，已经是一个客观的工序，之后他们之间的协作与结合，已经成为另一种意义上劳动构序方式的改变，再之后，

流水线和自动化机械则替代了这种结合。（2022）

社会分工开始是男女性别之间的分工，比如男子打猎，女子种植，然后才出现了种植业和畜牧业之间的分工。之后是农业、工业和商业的分工，再细一些还会有行业分工，比如电力行业、运输业等。另外还有部门分工和工种分工等。（2022）

历史现象学是经济存在论。它是透视客观发生的经济物相化空间中的关系颠倒。交换关系的现实抽象，事物化和异化都是存在论中真实发生的事情。然后才会有现象学分析之上的科学的批判认识论。（2022）

科学的批判认识论的本质：直观物象不是它自身。（1）商品的经济质——价值关系；（2）货币已经是价值关系事物化（Ⅰ）颠倒的产物；（3）货币权力异化；（4）资本关系；（5）资本物（事物化Ⅱ）；（6）劳动能力异化；（7）协作社会力异化；（8）分工结合力异化；（9）机器异化（事物化Ⅲ）；（10）科学技术异化；（11）利润、利息和地租异化（事物化Ⅳ）。（2022）

异化：我-它自反性关系；事物化：此-彼错位关系。此彼关系中的"此"是可见的物象，而"彼"则是隐匿起来的社会关系的不在场的在场。（2022）

《1844年经济学哲学手稿》和《1857—1858年经济学手稿》是否为马克思的"秘密文献"？因为，他并不想别人知道这些手稿的内容，这包括了恩格斯。（2022）

列斐伏尔关于节奏问题的思考是对空间存在论的补充，应该是柏格森生命绵延时间的延续。节奏已经是生命构序的具体化，自然生命节奏，如生理周期、白天-黑夜，以及社会节奏，如劳作节奏。劳作节奏又可以区分为自然经济中的循环节奏，如四季农业生产，以及工业生产之后的人的经济节奏。往往，经济活动中的商业（金钱）节奏已经是自然生命节奏的异化。（2022）

信息剩余价值：智能劳动价值论。非及物纯粹塑形和构序中创造的用在性（使用价值），它是进入物质生产对象化过程前的信息商品价值的基础。这种离开物质操作的纯粹塑形、构序和赋形，都可以在电脑中完成，信息类、设计和创意类产品中的源代码编程都是在虚拟空间中实现的。这种非实体的构序效用构成此类产品的使用价值，这也会是智能劳动的具体劳动。当这类产品进入交换关系中，同样抽象出价值关系，但其实体已经不再是一般的劳动时间，而是智能劳动

的构序度。此类信息生产中的复制劳动，仍然有可能依劳动时间生成价值。（2023）

鲍德里亚的病毒即祛序，是使系统有序性的整体崩溃。（2023）

斯蒂格勒的力比多经济学也是欲望投资，制造欲望和需要的经济学是消费异化的基础。（2023）

斯蒂格勒的"象征的贫困"是现象界的沦丧。因为，人们一般的看到、听到和触到的"感性共同体"已经成为技术装置的编织结果，这使人们的想象失去了真正的经验基础。（2023）

在数字化生存中，音乐事物化为数字符号，然后再拟像为音乐，但比原版演奏更具现场性。（2023）

欧洲思想史上的四次"路德革命"：（1）斯密是古典经济学中的"路德"（恩格斯马克思语）；（2）马克思是存在论中的"路德"；（3）柏格森是时间观中的"路德"；（4）列斐伏尔是空间观中的"路德"。（2023）

生产工具与生活用具：如同工具是劳作技能的客观抽象反向对象化为工具模板，生活中的用具也是生活行为结构的客观抽象反向对象化为模板的结果，杯子每次在场都重新激活装水的效用，锅用于炒菜，床用于睡觉等等。这还包括戏剧表演和影视作品中的道具。由此放大到社会空间中去，才会有不同建筑中的空间句法。（2023）

社会空间生产不同于一般的物质生产，空间生产中除去客观的空间实践行为之外，很重要的方面是空间构

想和主体体验关系，这是列斐伏尔空间实践-空间表象和表征性空间三元空间辩证法的缘起。（2023）

在列斐伏尔看来，空间实践是客观发生于社会空间中人们的生活、生产和关系场境；而空间表象则与一般生产劳动物相化不同。空间实践的前提是先在的构想、观念爱多斯（马克思所指认的"蓝图"）；表征性空间则是主体的亲身体验和感受。（2023）

空间物相化是社会物相化后的一个特殊层面，空间生产就是人的爱多斯之相（表象式构想）在物性设施中实现出来，每天每时激活空间实践-关系场境，而表征性空间则是空间存在的主体构境。（2023）

广义的空间抽象和狭义的抽象空间：空间抽象的本质是生活本身的现实抽象，建筑物正是生活情境客观抽象反向对象化的结果，这是放大了的生活用具模板。而抽象空间是资本主义空间生产的本质，它是历史性生成的，这并不否定原先的空间场境抽象。（2023）

自然不抽象。如果说人类社会发生的基础是生产劳动，那么生产与动物行为的差异之一就是抽象关系。工具的发生即对生产行为的抽象，抽象即反思关系，行为不再受制于生物行为，而是客观抽象反向对象化为下一次生产发生的模板。生活也是如此，衣物、碗盘、茅屋都是一种人类生活方式的抽象。在此基础之上，才会出现将现实抽象记录下来的文字和意识抽象。（2023）

社会定在中现实抽象的历史性：一是农耕文明中工具抽象、生活用具抽象和空间关系场境的抽象；二是工业生产中技艺的抽象和劳动分工条件下的社会劳动抽

象；三是商品交换过程中发生的现实抽象；四是数字化生存中的虚拟现实抽象。（2023）

古尔德弹钢琴时，他同时还会哼唱旋律，所以在他的唱片中，仔细听，可以辨识出钢琴弹奏中的人声哼唱，这也就无形中生成了一个演奏者脑海中的旋律与钢琴音响共同建构的复调音乐构境。这恐怕是有史以来罕见的复杂音乐构境空间。（2023）

住所并不等于家，有如他性空间中的宾馆，家是我们自己构序起来的安身关系场境空间。（2023）

海德格尔的《时间概念》（1924）是对柏格森内在生命绵延时间观的深化，核心是给予有死的此在去在的"怎样"。（2023）

一种新的统治关系场境的现实抽象：在市民社会之中，经济王国和社会生活中不再是有脸统治者的发号施令，而是自发抽象出来的"看不见的手"的无形支配，以及冰冷的抽象"民意"、工具理性和法律。（2023）

日本的枯山水是一种复杂的神性关系格式塔场境。它是禅学的心境、中国传统写意山水画和园林艺术的杂合，可是这种结合却是通过"山不是山，水不是水"的深层构境完成的。在这里，禅宗的神性关系场境通过对象的写意山水实现出来，可这里反向替换山水的沙石却在"可感的不可感物"中，在不是它自身的不在场中在场。这是人们静坐在枯山水前沉思数小时的冥想构境。（2023）

此物非物的关系构境。皇帝的权杖并非一个物性功用性拐杖，而是权力关系的物化象征；人手上的戒指也是如此，订婚戒指是确认了的婚姻关系，而婚戒则是完成的婚姻关系物化象征；基督教宗教仪式中的圣水与圣饼，也是神性关系的象征对象物。（2023）

乐器是音乐活动现实抽象的反向对象化结果，但与一般用具不同，如杯子可以直接用来喝水，锤子可以立刻敲击，乐器虽然作为模板，音乐活动却并不直接被其激活和重复，钢琴和提琴中都没有直接的艺术技能，而是一种可能性。艺术技能只存在于音乐家的身心经验记忆和熟练技法之上的微电子技术音乐之构境中。（2023）

其实，概念作为经验关系的主观抽象结晶，它虽然也是理性活动的工具，但它并不能直接激活思想的在场。语言能指符码中的字、词、句，只是在一定的逻辑观念构序中才会使思想意义构境在场。（2023）

文具的情况也十分复杂。文具是人的书写和绘画活动的现实抽象反向对象化的结果，但它的在场十分不同。尺子、圆规、橡皮和刨刀都具有直接的上手性，而笔则不一样：铅笔的功用是可擦除修改，而钢笔＋墨水的作用则是长久记载；中国的毛笔则更复杂，文房四宝中的笔墨纸砚是一个文具的组合，可书法和写意画却不因文具的在场而在场，笔墨春秋同样依存于艺术家的长期的艺术实践反向积淀在身心持存之中。

（2023）

戏剧表演和影视拍摄中的道具，也是表演活动的现实抽象反向对象化的结果。但"不是它自己"的道具的在场性同样是十分复杂的：可伤人的刀枪炸弹的功用性是假的，表演中吃喝穿住行中的食物、服饰、建筑物和车马等为真，却是虚构空间场境中的假性到场。

（2023）

乐器缘起于外部物自然撞击产生的音响，有如风铃起于风吹打洞口的树叶声，编磬缘起于不同石片的撞击声，编钟缘起于金属异物的碰撞声，这种自然发生的音响逐渐被发现并转换为主体性的主动敲击。这种音响敲打的有意行为被现实抽象，且反向对象化为最初的音乐器具。这之后才会有陶笛、陶埙和竹制的排箫等离不开人口的乐器，以及更加复杂的由人演奏的二胡、琵琶、提琴、钢琴和风琴等乐器。（2023）

电脑中的操作系统：复杂构序关系由比特构序和筑模，生成可视数字化界面。输入法是用语言符码操作系统，替代纸上书写的笔（文具），物性书写塑形和构序转换为屏显文字。数字化图像和电子视频取代物性相片和电影胶片，数码音乐中的电子合成器取代乐器的部分功能，数字化多轨录音取代交响乐团的现场演奏。电子支付取代物性货币，交换关系的 30 万千

米／秒的光速化实现。（**2023**）

人类最初的文字与图多为崖壁上的象形刻画，然后逐步现实抽象和构序为语言文字系统和美术创作技艺，从绢、纸上的文字书写和绘画逐渐转移到竹简的刻印，已经是文化的传播，再从刻板印刷（美术木刻）到活字印刷，直到今天的数字化印刷和电子阅读。（**2023**）

大脑失能与构境层中浮层化相关。比如，我通常从清晨五点半开始到上午九点前后处于大脑最清醒状态，此时段精神构境可达最深层，思路清晰，原创性构序之思泉涌，可此时值之后，大脑则像失能一样，思考和写作的构境层会立即重新回到表层话语，甚至出现思路混乱和平庸状态。不过，在人的身心整体状态处于低谷时，大脑就会始终处于失能之中。（**2023**）

生活现实抽象一例：现在公共厕所的抽水马桶旁开始出现一个上手的小平台，这是人们在方便时离手手机的放置处，它恰恰是今天生活中一个动作的现实抽象反向对象化的结果。（2023）

列斐伏尔认为，身体在社会空间中居核心地位，这是打破主-客二元构架的哲学基础，这可以关联到海德格尔的上手性世界以及波兰尼的身心意会。所以，主-客二元构架的真正打碎，是由工业生产创造的人的世界开始的。（2023）

泰勒制，锅炉工人劳作动作的细分计算和现实抽象，反向对象化为物性生产工序联动机械体，这就是生产流水线的原理。这不是经验归纳上的观念抽象，而是劳动分工基础上碎片化劳动重复性动作的现实抽象，这也同时是工人"去技能化"后的结果。（2023）

海德格尔在《时间概念史导论》中讨论此在"恐惧""后悔"一类沉沦状态，系克尔凯郭尔之后新人本主义的关注点和思考线索。所以，海德格尔的思考更多地会是从神学构境出发的，因为只有牧师才会关注个人隐秘黑暗处的畏惧、忏悔和真心，这些心态多为个人心理构境，而非可共有的理性（知性）逻辑认知。拉康喜欢海德格尔，原因在于后者的此在沉沦论与前者的镜像伪自我有很深的相关。（2023）

海德格尔1925年的《时间概念史导论》中对用具的分析，直接与马克思的生产工艺学研究相关联，用具世界的指引关系极其重要，后来本有论中的东西已经深隐其中。（2023）

列斐伏尔三元空间辩证法的发生机制：（1）空间实践。A. 空间中的做、交道：走一路；吃喝穿住一生活用具—房屋（家）；生产制作—产品物—作坊—车间—厂房；战争—武器（矛、刀、枪、炮、原子弹和导弹）；交易—棚屋—集市—商店—商场；远古祭台—互动神会—教堂（庙宇）；手艺—工具—技术—实验室—机器。B. 生活用具、工具、武器、建筑物、道路和桥等的塑形和构序：为了指引功用和空间句法实现的空间生产，空间物性用具不同于一般物的功用，而是指引出空间实践的重复性和改变。（2）空间表象＝空间句法的非及物筑模，它是实现特定空间活动的观念构式，设计规划图—电脑中的虚拟设计建模。这是一般农业生产和手工业生产所没有的东西，在工业生产里程中，才逐步出现工具和用具设计图，以及更加复杂的技术塑形和构序图式，而现代空间生产中的建筑、道路和其他设施的生产都是空间表象优先的，空间场域中的城镇—城市—大都市的建设就更是空间表象先行了。（3）表征性空间的实质是身体的空间感，空间体验构境。路平或泥泞，道难行或畅通，狭小空间的住房和拥挤的办公室，温暖且透气、光照如春的屋子和阴暗潮湿的房子，雄伟的纪念碑，神圣的法庭，庄严的主席台，沸腾的广场，奢华亮丽的商业中心。（2023）

短视频和视频会议系统中的美颜和虚拟背景，是部分电子伪主体性和数字化空间中的伪饰。（2023）

费尔巴哈说，上帝是人的类本质的异化，也就是说，神灵的抽象基础是我们个人之间那个超拔于有死者真善美碎片的至真至美至善之大全。这种类关系在早期神学音乐中就是合唱。唱诗班通常是由合唱队组成，复调和声体现超出个体空间感的神性福音。（2023）

数字资本主义的历史逻辑：（1）走向马克思的批判

话语；（2）走向现实的社会历史逻辑；（3）生产–技术–信息存在论。（2024）

在列斐伏尔的《空间的生产》中，他提到"物的抽象"，意思是说玻璃、水泥和钢材这些东西都不再是自然物，而是自然物中一些特性的现实抽象和重新组合。这个说法在借喻的构境中是有趣的，可它只是工业生产中发生的社会历史构序。其实，这种物的"抽象"最恰当的例子是青铜器，它是红铜与锡、铅等的合金，这是将不同的金属特性抽象出来杂合为一种新的耐磨损的物性质料。（2024）

物不抽象，但人的关系抽象：（1）人的血亲关系在一定的历史条件下现实抽象为婚姻制度；（2）商品交换关系现实抽象为价值，且反向对象化为货币；（3）空间关系现实抽象为空间句法，且反向对象化

为建筑、道路和桥梁等空间用具。（2024）

开始写作《物相化、关系场境与精神建构》一书。（2024）

跋

本卷的内容，除去正在写作的新书手稿中的思考闪光点，主要是我对自己 20 多本思想笔记的摘录。20 世纪 80 年代，从南京大学研究生毕业后，我始终坚持了做"思想笔记"的习惯，这一做，就是 40 多年。现在，除去遗失的一两本之外，手中竟然有 20 多本笔记。

这些笔记，真实记录了我的学术思想的原始历程，从中可以清楚地看到那些歪歪斜斜向前走的脚印。也因此，在这些文字的后面，我都标注了时间，这样，人们也可以了解到那些后来出现在正式发表的论文和著作中的观点的原生样态。

此外，我还在电脑中找到了一份写于 1996 年的《构境论》写作大纲，一并呈现于此。

张一兵

2024 年元旦于武昌

张一兵（本名张异宾）男，**1956**年**3**月生于南京，祖籍山东茌平。**1981**年**8**月毕业于南京大学哲学系哲学专业。哲学博士。现任南京大学文科资深教授，马克思主义社会理论研究中心研究员，哲学学院博士研究生导师。代表性论著有：《回到马克思（第二卷）：社会场境论中的市民社会与劳动异化批判》（江苏人民出版社，**2024**年版）；《烈火吞噬的革命情境建构：情境主义国际思潮的构境论映像》（南京大学出版社，**2021**年版）；《革命的诗性：浪漫主义的话语风暴——瓦纳格姆〈日常生活的革命〉的构境论解读》（南京大学出版社，**2021**年版）；《神会波兰尼：意会认知与构境》（上海人民出版社，**2021**年版）；《问题式、症候阅读与意识形态：关于阿尔都塞的一种文本学解读》（北京师范大学出版社，**2021**年第**2**版）；《物象化图景与事的世界观：广松涉哲学的构境论研究》（天津人民出版社，**2020**年版）；《不可能的存在之真：拉康哲学映像》（上海人民出版社，**2020**年修订版）；《回到

马克思:经济学语境中的哲学话语》(江苏人民出版社,2020年第4版);《遭遇阿甘本:赤裸生命的例外悬临》(南京大学出版社,2019年版);《斯蒂格勒〈技术与时间〉构境论解读》(上海人民出版社,2018年版);《发现索恩-雷特尔:先天观念综合发生的隐秘社会历史机制》(北京师范大学出版社,2018年版);《无调式的辩证想象:阿多诺〈否定的辩证法〉的文本学解读》(江苏人民出版社,2016年第2版);《回到福柯:暴力性构序与生命治安的话语构境》(上海人民出版社,2016年版);《回到海德格尔:本有与构境》(第一卷,商务印书馆,2014年版);《马克思历史辩证法的主体向度》(武汉大学出版社,2010年第3版);《回到列宁:关于"哲学笔记"的一种后文本学解读》(江苏人民出版社,2008年版);《文本的深度耕犁》(第一卷,中国人民大学出版社,2004年版;第二卷,中国人民大学出版社,2008年版;第三卷,中国人民大学出版社,2019年版)等。